Länder-Fibel des Deutschen Kaiserreiches

von Manfred Neugebauer

MELCHIOR
Historischer Verlag

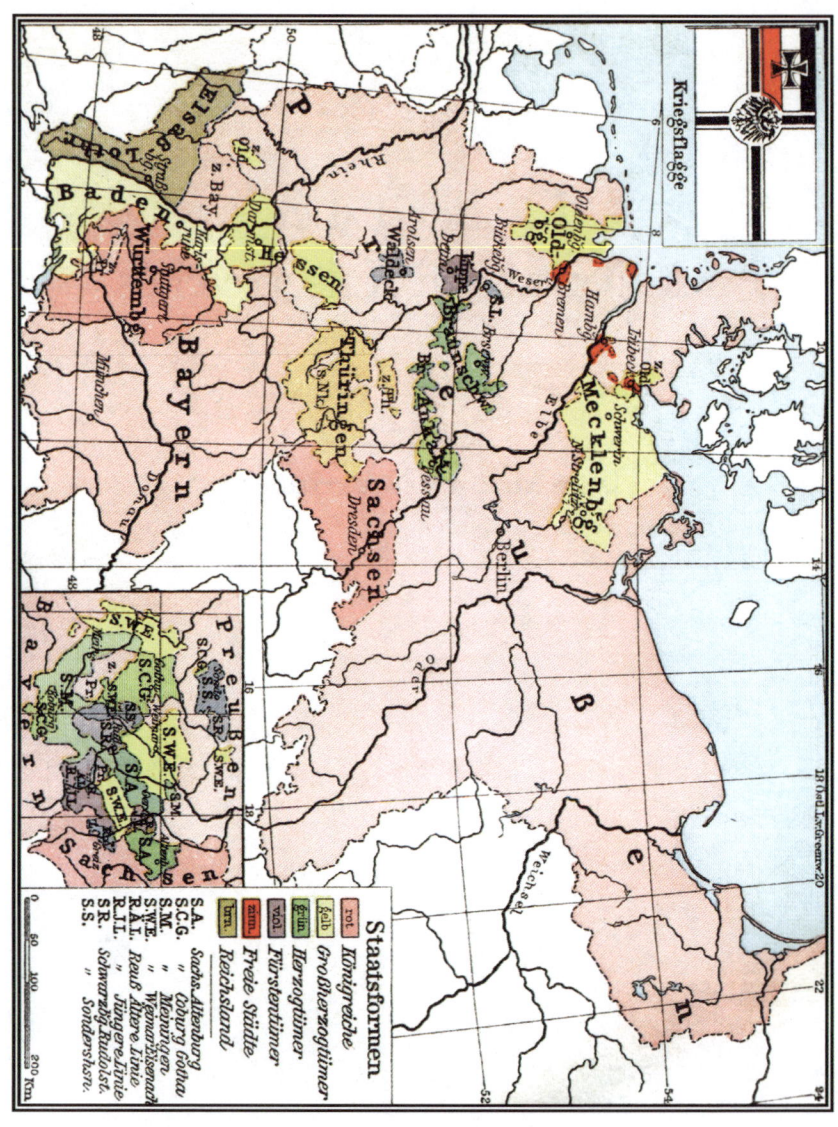

Das Deutsche Reich
und die Staatsformen der einzelnen Länder

Länder-Fibel
des Deutschen Kaiserreiches

von Manfred Neugebauer

M

© Melchior Verlag
2009
Wolfenbüttel
ISBN: 978-3-941555-22-8
www.melchior-verlag.de

Stöckelhornfleet in Hamburg

Inhaltsverzeichnis

Der Dom zu Worms

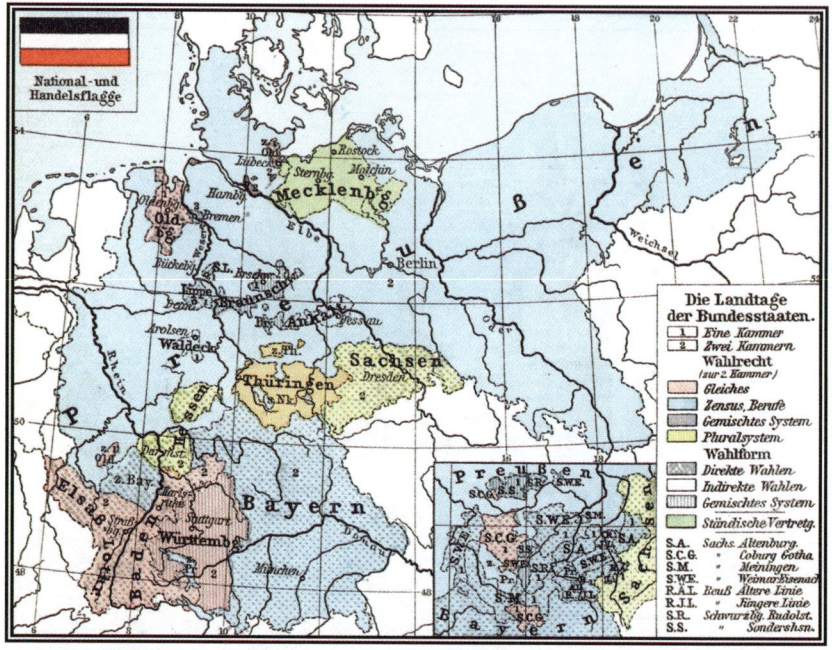

National- und
Handelsflagge

Die Landtage
der Bundesstaaten.

1 Eine Kammer.
2 Zwei Kammern.
Wahlrecht
(zur 2. Kammer)
Gleiches
Zensus, Berufe
Gemischtes System
Pluralsystem
Wahlform
Direkte Wahlen
Indirekte Wahlen
Gemischtes System
Ständische Vertretg.

S.A.   Sachs. Altenburg.
S.C.G.   „ Coburg Gotha.
S.M.   „ Meiningen
S.W.E.   „ Weimar-Eisenach
R.Ä.L. Reuß Ältere Linie
R.J.L.   „ Jüngere Linie
S.R.   Schwarzb. Rudolst.
S.S.   „ Sondershsn.

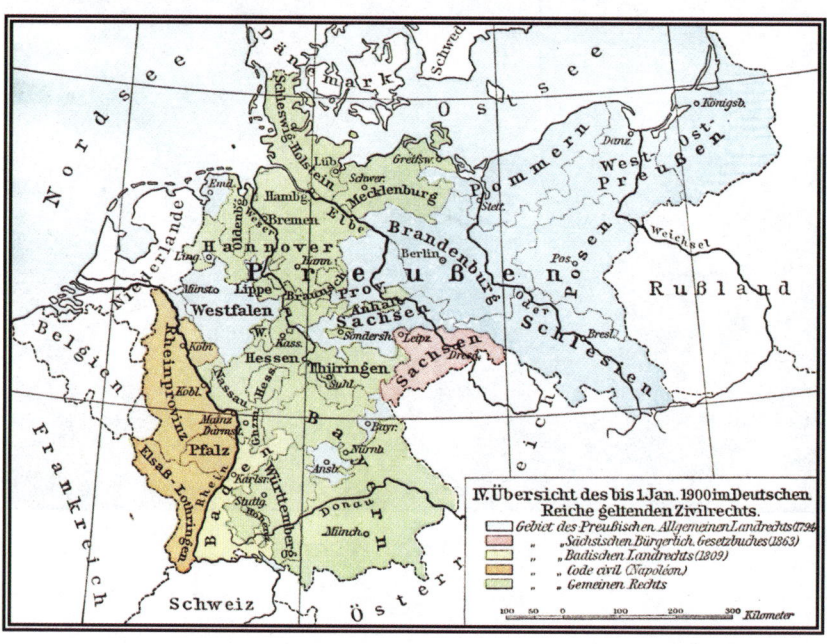

IV. Übersicht des bis 1. Jan. 1900 im Deutschen
Reiche geltenden Zivilrechts.
Gebiet des Preußischen Allgemeinen Landrechts (1794)
„ „ Sächsischen Bürgerl. Gesetzbuches (1863)
„ „ Badischen Landrechts (1809)
„ „ Code civil (Napoléon)
„ „ Gemeinen Rechts

100 50 0   100   200   300 Kilometer

Allgemeine Grundlagen

Zur Entstehung des Deutschen Reiches

Nachdem der Deutsche Bund im Jahre 1866 aufgelöst worden war, trat an seine Stelle der Norddeutsche Bund. Dieser wurde durch die Verträge zwischen dem Norddeutschen Bund und den Großherzogtümern Baden und Hessen *[15. November 1870]*, dem Königreich Bayern *[23. November 1870]* und dem Königreich Württemberg *[25. November 1870]* zum Deutschen Reich erweitert.

Wappen des Deutschen Reiches

Die Ratifikationen dieser Verträge wurden am 29. Januar 1871 in Berlin ausgetauscht, nachdem König Wilhelm I. von Preußen am 18. Januar 1871 in Versailles durch eine Proklamation an das Deutsche Volk die erbliche Würde eines Deutschen Kaisers angenommen hatte.

Wenig später trat an Stelle der Verträge eine Verfassungsurkunde für das Deutsche Reich *[vom 16. April 1871]*, die dann am 4. Mai 1871 in Kraft trat.

Besonderheiten des Deutschen Reiches als Zollgebiet
Zum **Deutschen Zollverein** gehörten alle deutschen Staaten mit Ausnahme wesentlicher Gebietsteile von Hamburg und Bremen.

Zum Deutschen Zollgebiet gehörte auch *[das früher zum Deutschen Bund gehörende]* Großherzogtum Luxemburg.

Zum Bundesgebiet des Deutschen Reiches

Das Gebiet des zweiten deutschen Kaiserreichs bestand aus 26 Staaten.

Zusätzlich zu den Staaten des Norddeutschen Bundes und der süddeutschen Staaten wurde Elsaß-Lothringen dem wilhelminischen Kaiserreich angegliedert. Ebenso gehörten nun die preußischen Provinzen Ost- und Westpreußen, Posen und Schlesien zum Deutschen Reich.

Österreich, Luxemburg, Limburg und Liechtenstein dagegen gehörten dem neu geschaffenen Kaiserreich nicht an.

Zum Verhältnis zu ausländischen Staaten
Nach Artikel 11 der Verfassung des Deutschen Reiches konnte der deutsche Kaiser bei einem Angriff auf das Bundesgebiet *[ohne Zustimmung des Bundesrates]* im Namen des Reiches den Krieg erklären.

Zu den Staaten innerhalb des Deutschen Reiches
Bei Störung der öffentlichen Ordnung innerhalb des Bundesgebiets konnte der Kaiser *[gemäß Artikel 68 der Reichsverfassung]* einen jeden Teil desselben in Kriegszustand setzten.

Zu Handlungen gegen den Bestand des Bundesgebiets
Handlungen, die gegen den Bestand des Bundesgebiets gerichtet waren, wurden als Hochverrat bestraft.

Die Bundesfürsten

Bundesfürsten waren die Landesherren, die zum Deutschen Reich zusammengetreten waren.

Kaiser Wilhelm I.

Die Bundesfürsten waren nicht Untertanen des Deutschen Reiches, sondern zum Reich verbündete Souveräne. Ihnen wurde durch die Reichsverfassung eine Anzahl von Rechten garantiert.

Ihre Tötung oder Unfähigmachung zur Regierung, Gefangennahme oder Auslieferung an einen Feind wurde als Hochverrat betrachtet. Beleidigung der Bundesfürsten oder Tätlichkeiten gegen sie wurden mit Zuchthaus oder Festungshaft bestraft.

Die Autoritätszeichen der Bundesfürsten genossen besonderen strafrechtlichen Schutz.

Das Bundespräsidium

Nach der deutschen Reichsverfassung stand das Bundespräsidium der Krone Preußens zu. Nach Artikel 11 führte der König von Preussen als Inhaber des Bundespräsidiums den Titel **Deutscher Kaiser.**

Der Bundesrat

Im Deutschen Reich wurde das Kollegium der Vertreter der Bundesstaaten *[Träger der Reichssouveränität]* als Bundesrat bezeichnet.

In diesem fand die Souveränität der verbündeten Regierungen ihren unmittelbaren Ausdruck. Bevollmächtigte zum Bundesrat waren instruierte Vertreter der Regierungen der einzelnen Bundesstaaten. Der Kaiser hatte ihnen den üblichen diplomatischen Schutz zu gewähren. Den Vorsitz und die Geschäftsleitung des Bundesrates hatte der vom Kaiser ernannte Reichkanzler inne.

Zur Berufung des Bundesrates:
Nach Artikel 12 der Reichsverfassung hatte der Kaiser den Bundesrat zu eröffnen, zu vertagen und zu schließen.

Der Bundesrat musste jährlich berufen werden.

Zur Vorbereitung von Arbeiten konnte der Bundesrat auch ohne den Reichstag berufen werden. Der Bundesrat musste auch berufen werden, wenn dies von einem Drittel der Stimmen seiner Mitglieder verlangt wurde.

Stimmenverhältnisse im Bundesrat:
Nach der Reichsverfassung *[Artikel 6 usw.]* hatte Preußen 17, Bayern 6, Württemberg und Sachsen je 4, Baden und Hessen je 3 und Mecklenburg-Schwerin und Braunschweig je 2 Stimmen, die übrigen Staaten je eine Stimme.

Landesfarben 1870

Die Gesamtzahl der Stimmen betrug 58. Jedes Mitglied des Bundes konnte so viel Bevollmächtigte zum Bundesrat ernennen, wie es Stimmen hat. Die Stimmen mussten einheitlich abgegeben werden.

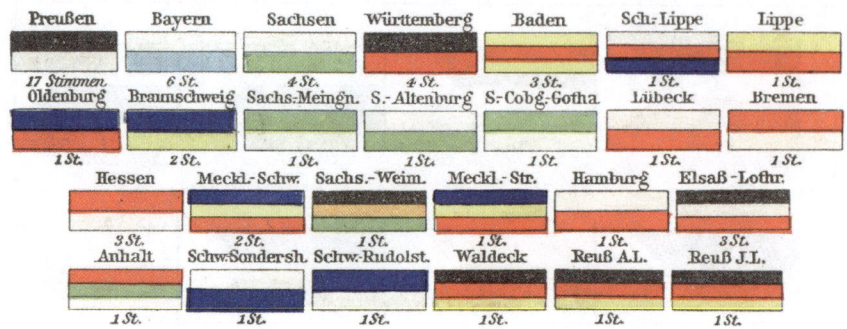

Landesfarben und Stimmen im Bundesrat 1918

Zum Reichsland Elsaß-Lothringen:
Das Reichsland Elsaß-Lothringen war anfänglich nicht Mitglied des Bundesrates und hatte folglich auch keine Stimme im Rat. Allerdings war Elsaß-Lothringen beratende Mitwirkung gestattet.

Zur Beschlussfassung im Bundesrat:
Die Beschlussfassung erfolgte mit einfacher Stimmenmehrheit. Bei Stimmengleichheit gaben die Stimmen Preußens den Ausschlag. Verfassungsänderungen galten als abgelehnt, wenn mindestens 14 Stimmen dagegen standen.

Zur Zuständigkeit des Bundesrates:
Der Bundesrat war ein Faktor der Reichsgesetzgebung. Für das Zustandekommen eines Reichsgesetztes war sowohl eine Mehrheit im Reichstag als auch im Bundesrat nötig. Jedes Mitglied des Bundesrates hatte das Recht, im Reichstag zu reden und dort die Ansichten seiner Regierung zu vertreten *[auch wenn diese Ansichten nicht mit der Mehrheit des Bundesrates übereinstimmten]*.

Anmerkung:
Die gleichzeitige Mitgliedschaft im Bundesrat und im Reichstag war nicht gestattet.

Das Königreich Preußen

Wappen des Königreiches Preußen

Zur Geschichte des Königreiches Preußen

Das Königreich Preußen war der wichtigste Staat im neuen Deutschen Kaiserreich. Seit 1866 bestand es im Wesentlichen aus einem zusammenhängenden Gebiet, das jedoch eine Anzahl von kleineren Staaten einschloss: Mecklenburg, die Freien Städte, Oldenburg, Braunschweig, Anhalt, Lippe, Schaumburg-Lippe, Waldeck, Oberhessen, Teile der thüringischen Staaten.

Die Erwerbungen Preußens unter König Wilhelm I.
Nach den Friedensschlüssen von 1866 kam das Königreich Hannover, das Kurfürstentum Hessen, das Herzogtum Nassau, die Stadt Frankfurt, die Herzogtümer Schleswig und Holstein *[ohne das Amt Ahrensböck]*, einige Teile von Bayern *[Orb, Gersfeld und Kaulsdorf]*, sowie Teile des Großherzogtums Hessen *[einschließlich Hessen-Homburg]* an Preußen.

1876 kam auch noch Lauenburg dazu.

Gebietsveränderungen unter König Wilhelm II.

1892 erhielt Preußen Helgoland zugeteilt. 1904 kam es zu einem Gebietsaustausch mit Lübeck *[22 ha]* und zu einer Grenzregulierung mit dem Herzogtum Braunschweig.

1905 trat Preußen 516,89 ha an Bremen zur Erweiterung des Hafengebietes ab.

Die preußischen Könige

* Wilhelm I. (1861-1888)
* Friedrich III. (1888)
* Wilhelm II. (1888-1918)

Preußische Königskrone

Friedrich III.

Wilhelm II.

Anmerkung:
Die preußischen Könige waren seit der Gründung des zweiten Deutschen Kaiserreichs auch **Deutsche Kaiser.**

Beschreibung des Preußischen Königreiches

Das preußische Staatsgebiet war in 12 Provinzen eingeteilt, die weiter in 37 Regierungsbezirke bzw. 578 Kreise *[89 Stadt- und 489 Land-kreise]* zerfielen.

Anmerkung:
Der Stadtkreis Berlin sowie das Gebiet von Hohenzollern-Sigmaringen gehörten keinem Provinzialverband an.

An der Spitze der allgemeinen Verwaltung stand in den einzelnen Provinzen ein Oberpräsident, bei den Regierungsbezirken ein Regierungspräsident.

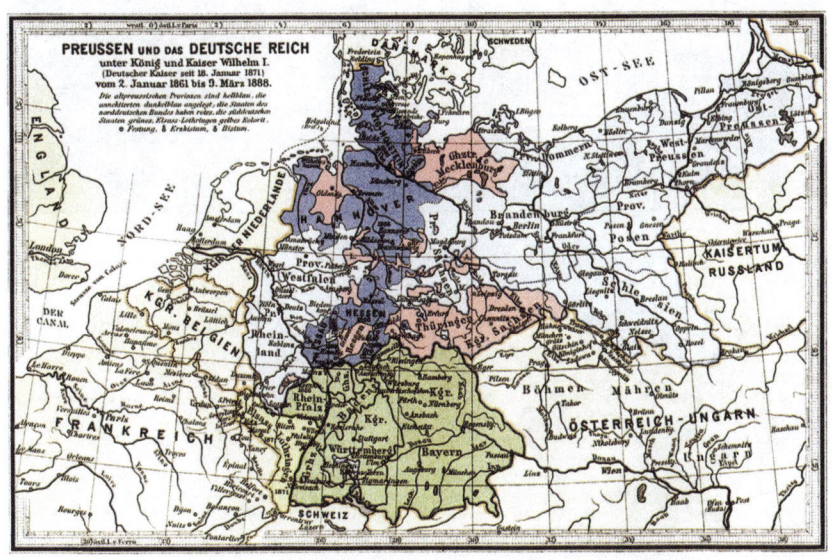

Preußen und das Deutsche Reich

Die Haupt- und Residenzstädte

Berlin

Das Berliner Schloss

*Stadtwappen
von Berlin*

Berlin war Hauptstadt des Königreichs Preußen und des Deutschen Reiches. Sie war erste Residenz des deutschen Kaisers und preußischen Königs.

Das **Weichbild** der Stadt umfasste 63,49 km².

Im Jahre 1871 hatte Berlin 826.341, um 1900 bereits 1.888.848 Einwohner.

Königsberg

Königsberg in Ostpreußen war Krönungsstadt *[König Willhelm I.]* und zweite Residenzstadt der preussischen Monarchie.

Im Jahre 1900 hatte die Stadt *[zusammen mit der Garnison]* 189.483 Einwohner.

Das Schloss von Königsberg in Preußen; oben das Stadtwappen

Breslau

Das schlesische Breslau war dritte königliche Residenz der preußischen Monarchie.

Die Gesamtfläche der Stadt betrug um 1900 3.593 ha.

Im Jahre 1870 hatte Breslau 207.997, um 1900 422.709 Einwohner.

Das beeindruckende Rathaus von Breslau, oben das Stadtwappen

Zu Flächeninhalt und Bevölkerung der Provinzen

Provinzen	Fläche in km²	Bevölkerung im Jahr 1905
Ostpreußen	36.996	2.030.175
Westpreußen	25.533	1.641.746
Berlin (Stadtkreis)	63	2.040.148
Brandenburg	39.839	3.531.906
Pommern	30.122	1.684.326
Posen	28.979	1.986.637
Schlesien	40.321	4.942.611
Sachsen	25.257	2.979.221
Schleswig-Holstein	19.004	1.504.248
Hannover	38.511	2.759.544
Westfalen	20.212	3.618.090
Hessen-Nassau	15.699	2.070.052
Rheinland	26.995	6.436.337
Hohenzollern	1.142	68.282
Preußen	**348.679**	**37.293.324**

Schulbildung:
1901 verfügte Preußen u.a. über 36.756 öffentliche Volksschulen sowie 456 öffentliche Mittelschulen und 213 öffentliche höhere Mädchenschulen.

1903 gab es an höheren Lehranstalten 324 Gymnasien, 39 Progymnasien, 93 Realgymnasien, 23 Realprogymnasien, 47 Oberrealschulen und 145 Realschulen mit zusammen 11.018 Lehrern und 208.949 Schülern.

Für das Wintersemester im Jahr 1904/05 wurden an den 11 preussischen Hochschulen *[Berlin, Bonn, Breslau, Göttingen, Greifswald, Halle a. S., Kiel, Königsberg, Marburg, Münster und Braunsberg]* 19.722 Studierende eingeschrieben.

Landwirtschaft:

Die Landwirtschaft bildete in der Kaiserzeit weiterhin die wichtigste Erwerbsquelle der Bevölkerung.

Bodennutzung

• Acker- und Gartenland	17.661.548 ha
• Wiesen	3.273.378 ha
• Weiden und Hutungen	2.064.907 ha
• Weingärten	21.153 ha
• Forsten und Holzungen	8.270.133 ha
• Haus- und Hofräume	363.969 ha
• Öd- und Unland	1.595.388 ha
• Wegeland, Gewässer usw.	1.614.388 ha

Viehbestand 1904

• Pferde	2.964.408
• Maultiere, Esel usw.	5.025
• Rinder	11.156.133
• Schafe	5.660.529
• Schweine	12.563.899
• Ziegen	2.116.360

Fischerei:

Die Seefischerei war in Preußen von einiger Bedeutung. Im Jahre 1905 wurden hierfür 560 Fahrzeuge mit 4.524 Mann Besatzung eingesetzt. Der Hauptfang bestand aus Schellfisch, Kabeljau, Seehecht, Scholle, Rochen, Knurrhahn sowie Seezunge, Steinbutt und Kleiße.

Bergbau:

Im Jahre 1904 ergab die gesamte Bergwerksproduktion in Preußen in den 1.201 Werken *[569.583 Beschäftigte]* eine Gesamtproduktion von 144.127.302 t im Wert von 1.086,7 Millionen Mark.

Das wichtigste Mineral war die Steinkohle, die hauptsächlich in Oberschlesien, Niederschlesien, Westfalen und in der Rheinprovinz *[Saar und Ruhr]* abgebaut wurde. 1904: 105 Millionen Tonnen.

Die Braunkohle wurde besonders in den beiden Provinzen Sachsen und Brandenburg abgebaut. 1904: 31,9 Millionen Tonnen.

Eisenerz wurde in allen preußischen Provinzen gefördert. Im Jahr 1904 waren es 3,4 Millionen Tonnen.

Daneben wurden auch Zinkerze, Bleierze, Kupfererze, Gold- und Silbererze gefördert.

Gewerbegruppen	Betriebe	Personen
Industrie Steine und Erden	22.629	314.258
Metallverarbeitung	93.885	383.932
Maschinen und Apparate	46.185	329.404
Chemische Industrie	5.618	66.661
Leuchtstoffe, Seifen, Öle	3.122	35.048
Textilindustrie	89.208	441.885
Papierindustrie	8.188	72.250
Lederindustrie	26.282	86.692
Holz und Schnitzstoffe	151.229	596.353
Bekleidung und Reinigung	488.137	800.427
Baugewerbe	106.540	596.690
Polygraphische Gewerbe	7.742	67.539
Künstlerische Gewerbe	4.408	9.503

Verhüttung:
Roheisen wurde im Jahr 1904 in 72 Werken mit 206 Hochöfen und 25.443 Arbeitern hergestellt: 6.573.507 Tonnen.

Metallverarbeitung:
Für Gold- und Silberwaren sowie Juwelierarbeiten lagen die Zentren bei Berlin und Hanau.

Maschinenbau:
Der Maschinenbau entwickelte sich besonders im Rheinland und in Westfalen. 1895 gab es in dieser Branche insgesamt 3.925 Betriebe mit 147.672 Beschäftigten.

Gewerbegruppen:
Bei der Berufszählung von 1895 wurden 1.172.142 Gewerbebetriebe mit 4.572.125 Beschäftigten gezählt.

Handel und Verkehr:
Der Handel und Verkehr in Preußen war ein wesentlicher Bestandteil des Deutschen Reiches.

Potsdam. Stadtschloss und Garnisonskirche

Die kleineren norddeutschen Küstenstaaten

Das Großherzogtum Mecklenburg-Schwerin

Wappen des Großherzogtums Mecklenburg-Schwerin

Zur Geschichte Mecklenburgs:

Am 8. März 1701 kam es für Mecklenburg zum sog. Hamburger Teilungsvertrag, in dem das Recht der Erstgeburtserbfolge nach Linien festgesetzt wurde.

Das Gebiet Adolf Friedrich II.:
Nach dem Hamburger Teilungsvertrag erhielt Adolf Friedrich II. das Fürstentum Ratzeburg, die Herrschaft Stargard und die Komtureien Mirow und Nemerow.

Auf den Reichs- und Kreistagen hatte er Sitz und Stimme. Aus dem Boizemburger Elbzoll wurden ihm jährlich 9.000 Taler überwiesen.

Nach dem Wohnsitz des Herzogs in Strelitz wurde diese Linie „Mecklenburg-Strelitz" genannt.

Das Gebiet Friedrich Wilhelms:
Das übrige, weitaus größere Gebiet, fiel an Friedrich Wilhelm, der seinen Regierungssitz in Schwerin hatte – danach hieß diese Linie: „Mecklenburg-Schwerin".

Zur Geschichte Mecklenburg-Schwerins

Während des Siebenjährigen Krieges *[1756-1763]* gehörte Friedrich der Fromme *[1756-1785]* zu den Gegnern Preußens. Da er keinen Leibeserben hinterließ, trat seine Nachfolge sein Neffe Friedrich Franz I. *[1785-1837]* an. 1803 gewann dieser von Schweden *[als Pfand überlassen]* Wismar zurück.

1808 trat Friedrich Franz I. dem Rheinbund bei, doch 1813-1815 beteiligte er sich an den Kriegen gegen Frankreich und Dänemark und nahm 1815 den Titel eines Großherzogs an. Im gleichen Jahr trat er dem Deutschen Bund bei. Auf Friedrich Franz I. folgten:

Paul Friedrich	*[1837 – 1842]*
Friedrich Franz II.	*[1842 – 1883]*
Friedrich Franz III.	*[1883 – 1897]*
Friedrich Franz IV.	*[1897 – 1918]*

Friedrich Franz IV.

Anmerkungen:
1819 wurde in Mecklenburg-Schwerin die Leibeigenschaft aufgehoben. 1903 verzichtete Schweden endgültig auf sein Rückkaufsrecht von Wismar.

Die Beschreibung des Großherzogtums

Die beiden Großherzogtümer Mecklenburg-Schwerin und Mecklenburg-Strelitz *[durch den Erbvergleich von 1755 eng miteinander verbunden]* waren durch Feudalstände *[Ritterschaft und Landschaft unter Ausschluss des Bauernstandes]* eine beschränkte erbliche Monarchie.

Auch die administrative Einteilung war eine feudale. Die verschiedenen qualifizierten Gebiete lagen weder neben noch durcheinander.

Die Gebiete von Mecklenburg-Schwerin und Mecklenburg-Strelitz

Zur Einteilung des Landes:
Eine geographische Einteilung war nur nach Militäraushebungsbezirken gegeben. Von diesen gab es in Mecklenburg-Schwerin 14 *[einschließlich der Stadtbezirke Schwerin und Rostock].*

In Mecklenburg-Schwerin wurde unterschieden:

	Einw. 1875
A. Landesherrliches Domanium mit 29 Domänenämtern	197 792
B. Ritterschaftl. Güter. I. Mecklenburg. Kreis mit 12 Ritter-schaftl. Aemtern und II. Wendischer Kreis mit 22 Ritter-schaftl. Aemtern und Herrschaft Wismar	130 682
C. Kloster-Güter mit 3 Klosterämtern (Dobbertin, Malchow, Ribnitz)	8 449
D. 40 Städte mit städtischen Gütern	
1. Rostock mit Besitzungen	40 897
2. Mecklenburgischer Kreis mit 18 Städten und deren Be-sitzungen	87 949
3. Wendischer Kreis mit 18 Städten und deren Besitzungen	65 688
4. Fürstentum Schwerin mit 2 Städten	6 590
5. Herrschaft Wismar mit Wismar und deren Besitzungen	15 687
Zusammen 13 303,77 ☐ Kilom.	553 734

Das Grossherzogtum Mecklenburg-Strelitz zerfällt in

		Einw. 1875
Herzogtum Strelitz	2547,56 ☐ Kilom.	79 330
Fürstentum Ratzeburg	381,94 „	16 343
Zusammen	2929,50 ☐ Kilom.	95 673

Gerichtswesen:

Mecklenburg-Schwerin hatte ein Oberlandesgericht zu Rostock und drei Landgerichte *[in Güstrow, Rostock und Schwerin]*.

Schwerin – die Hauptstadt des Landes

Schwerin, die Hauptstadt des Großherzogtums, hatte 1905 mit der Garnison zusammen 41.638 Einwohner.

Die Stadt ist malerisch gelegen zwischen dem Schweriner See und anderen kleinen Seen. Auf einer Insel befindet sich in romantischer Lage das prachtvolle Residenzschloss.

Stadtwappen von Schwerin

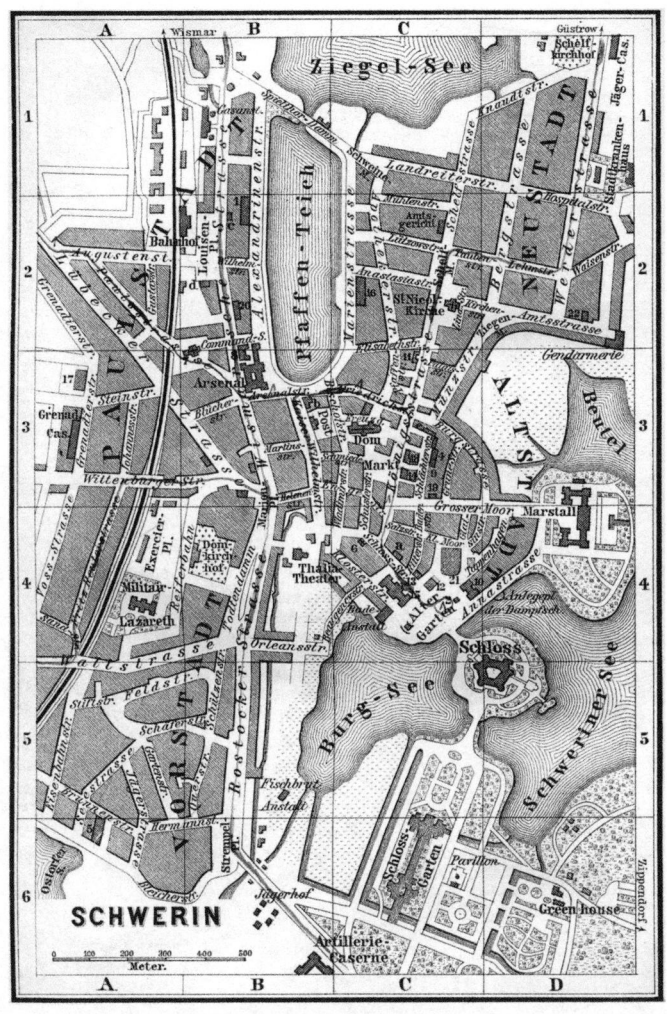

Die Bevölkerungsentwicklung von Mecklenburg-Schwerin:

1816	1867	1875
308.166	560.628	553.734

Trotz eines leichten Anwachsens der Bevölkerung in den Städten war die Gesamtbevölkerungszahl *[große Auswanderung nach Übersee]* gesunken.

Schwerin. Das Residenzschloss

Auf 1 km² kamen in Mecklenburg-Schwerin 41,6 Einwohner. Der landwirtschaftliche Charakter des Landes war durch das Vorherrschen von Großgrundbesitz bestimmt. An gewerblicher Bevölkerung fehlte es dem Land fast völlig.

Religion:
In Mecklenburg-Schwerin war die Bevölkerung fast gänzlich evangelisch.

Handel und Reederei:
Neben der Landwirtschaft waren der Handel und die Schifffahrt von einiger Bedeutung. Wichtigste Häfen waren Rostock und Wismar.

Wismar. Marktplatz

Militärwesen von Mecklenburg:

1872 hatte Mecklenburg mit Preußen eine Militärkonvention abgeschlossen. Danach hatte es ein eigenes Kontingent an Truppen, welches zum IX. Armeekorps gehörte:

- **Infanterie-Brigade Nr. 34** *[bestehend aus Infanterie und Landwehr 89. und 90. sowie Jäger 14.]*
- **Kavallerie-Brigade Nr. 17** *[bestehend aus Dragoner 17. und 18. und Feld-Artillerie 24.]*

Das Großherzogtum Mecklenburg-Strelitz

Zur Einteilung des Landes:

Das Großherzogtum Mecklenburg-Strelitz zerfiel in das
- **Herzogtum Strelitz** mit 2.547,56 km² und 79.330 Einwohnern und in das *[durch Mecklenburg-Schwerin getrennte]*
- **Herzogtum Ratzeburg** mit 381,93 km² und 16.343 Einwohnern.

Als geographische Einteilung gab es nur die nach Militärausschreibungsbezirken. Davon gab es im Großherzogtum drei: Neubrandenburg, Neustrelitz, Schönberg.

Neubrandenburg. Das Stargarder Tor

Herrscher des Hauses Mecklenburg-Strelitz

Adolf Friedrich II.	[1701 - 1708]
Adolf Friedrich III.	[1708 - 1752]
Adolf Friedrich IV.	[1752 - 1794]
Karl	[1794 - 1816]
Georg	[1816 - 1860]
Friedrich Wilhelm	[1860 - 1904]
Adolf Friedrich	[1904 - 1914]
Friedrich VI.	[1914 - 1918]

Zum Gerichtswesen:

Mecklenburg-Strelitz war dem Oberlandesgericht in Rostock zugeordnet und hatte ein Landgericht zu Neustrelitz.

Bevölkerungsentwicklung:

1817	1851	1875
72.675	99.628	95.673

Friedrich Wilhelm, Herzog zu Mecklenburg-Strelitz

Die Bevölkerung erreichte in Mecklenburg-Strelitz 1851 ein vorläufiges Maximum. Danach ging die Bevölkerung *[besonders durch die verstärkte Auswanderung nach Übersee]* wieder zurück. Mecklenburg-Strelitz war ein stark landwirtschaftlich geprägtes Land. Es gab hier pro 1.000 Einwohner nur 112, 1 Gewerbetreibende.

Die Hauptstadt von Mecklenburg-Strelitz

Die Haupt- und Residenzstadt des Großherzogtums war Neustrelitz. Das Städtchen, an der Ostseite des Zierker Sees und inmitten großer Waldungen gelegen, hatte um das Jahr 1890 gerade einmal 9.500 Einwohner. Die andere größere Stadt des Großherzogtums war Neubrandenburg mit 9.323 Einwohnern.

Die freien Städte

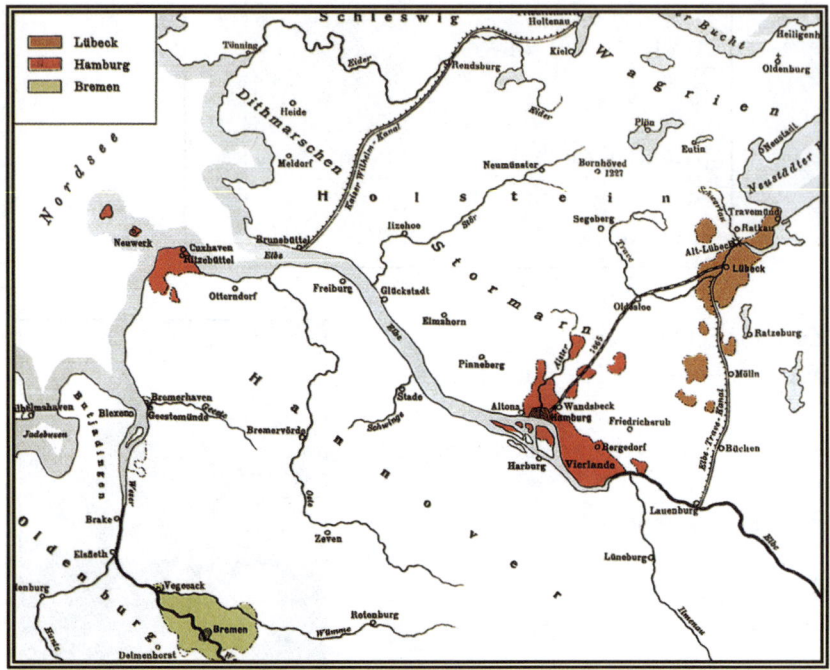

Karte zu den Hansestädten

Zur allgemeinen Geschichte der Hansestädte

Auch nach dem Reichsdeputationshauptschluss von 1803 und der endgültigen Auflösung des Alten Reiches 1806 blieb die alte Verbindung der Hansestädte weiter bestehen.

Die Städte unterhielten gemeinsame Gesandtschaften und Konsulate und versuchten sich in diesen kriegerischen Zeiten ihre Neutralität zu bewahren.

Die 1806 von Napoleon verhängte Kontinentalsperre wirkte sich auf die Wirtschaft der Hansestädte verheerend aus. Zahlreiche Firmen machten Bankrott. 1810 wurden dann Bremen und Hamburg, 1811 schließlich auch Lübeck dem französischen Kaiserreich eingegliedert.

Während der Befreiungskriege kämpften Bürger der Städte, zusammen mit Bürgern aus Mecklenburg, in der „Hanseatischen Legion" gegen Napoleon.

Auf dem Wiener Kongress 1815 konnten die Hansestädte ihre Selbständigkeit wiedererlangen. Im gleichen Jahr traten sie als souveräne Staaten dem Deutschen Bund bei. 1866/67 erfolgte schließlich mit größeren Bedenken der Beitritt zum Norddeutschen Bund. Auch beim Beitritt zum Deutschen Reich bestanden die Hansestädte auf eine gewisse Sonderstellung ihrer Territorien *[Zoll]*.

Als Bundesstaaten des neuen Deutschen Reiches verzichteten die drei Städte auf eigene diplomatische und konsularische Vertretungen, nur die *Berliner Residentschaft* blieb weiterhin bestehen.

Lübeck

Zur Geschichte Lübecks

Nach der napoleonischen Zeit war die finanzielle Situation der Hansestadt Lübeck äußerst schwierig. Die Schulden beliefen sich auf fast 10.000.000 Mark und konnten erst ab 1837 allmählich getilgt werden.

Wappen Lübecks

Durch die aufkommende Technisierung und Industrialisierung kam es auch in Lübeck zu einem erstaunlichen wirtschaftlichen Aufschwung.

1866 entschied sich Lübeck für ein Zusammengehen mit Preußen. Durch die Errichtung des Deutschen Reiches wurde Lübeck zwar in seinen Souveränitätsrechten beschnitten, wirtschaftlich blühte die „Freie Hansestadt" *[offizielle Bezeichnung im Deutschen Reich]* aber weiter auf.

Lübeck. Blick auf Marienkirche und Petrikirchturm

Wirtschaft und Verkehr:
Zuerst mussten aber noch die äußeren Hindernisse, die einem solchen Aufschwung entgegenstanden, beseitigt werden.

Seit 1816 war Dänemark sowohl im Besitz von Holstein als auch von Lauenburg. Dies bedeutete, dass alle wichtigen Verbindungen nach Hamburg bzw. ins übrige Deutschland durch dänisches Gebiet verliefen, sodass stets hohe Zölle und Transitkosten entrichtet werden mussten.

Eine Überlebensfrage für Lübeck war auch der Anschluss der Stadt an ein Schienennetz. 1847 erlaubte Dänemark schließlich den Bau einer Eisenbahnlinie nach Büchen. 1857 verzichtete Dänemark auf den Sundzoll und senkte den Transitzoll durch Holstein.

Auch nach der Gründung des Deutschen Reiches wurde die verkehrstechnische Erschließung weiter vorangetrieben. Als weitere Eisenbahnlinien wurden 1870 die Strecke nach Stettin, 1873 nach Eutin, 1882 nach Travemünde gebaut.

Für den Handel mit Finnland und Schweden war Lübeck weiterhin die wichtigste Hafenstadt und blieb auch Hauptsitz des deutschen Erzhandels. Doch sonst verlor der lübische Handel immer mehr Bedeutung.

Stettin erlangte *[als Seehafen von Berlin]* immer mehr Bedeutung, und auch Hamburg und Bremen *[durch den Bau des Kaiser-Wilhelm-Kanals (Nord-Ostsee-Kanal)]* wurden zu einer immer größeren Konkurrenz.

Mit dem Bau des Elbe-Trave-Kanals (1896-1900) konnte aber auch Lübecks Hafen neue Bedeutung *[für Westdeutschland nach Norden]* erlangen.

Fläche der freien und Hansestadt Lübeck: 298,72 km^2

Vergleich der Bevölkerungszahl:

1815	1864	1914
36.000	55.000	117.000

Verfassung

Die Verfassung vom 8. April 1848 setzte an Stelle der bürgerlichen Kollegien eine gewählte Bürgerschaft von 120 Mitgliedern. Eine Vertretung der gesamten Bürgerschaft war dies allerdings noch nicht, denn nur die in fünf Klassen eingeteilten Bürger konnten wählen, nicht aber die übrigen Einwohner.

Die Verfassung vom 30. Dezember 1848 ließ schließlich die übrigen Einwohner zur Wahl zu. Die 120 Mitglieder der Bürgerschaft wurden nun von allen Bewohnern der Stadt in allgemeiner und gleicher Wahl bestimmt.

- Der Senat hatte die Leitung der Staatsangelegenheiten
- Zwischen Senat und Bürgerschaft trat ein Bürgerausschuss *[mit z.T. vorbereitender, z. T. entscheidender Tätigkeit]*

Diese Verfassung blieb mit kleinen Abänderungen bis 1918 in Kraft.

Bremen

Zur Geschichte Bremens

Durch die Kontinentalsperre kam der Bremer Handel vollends zum
Erliegen. Bis 1809 wurde die Stadt gezwungen, 10.500.000 Millionen Franc an Napoleon zu entrichten.

Als Bremen 1810 schließlich dem französischen Kaiserreich eingegliedert wurde, erhielt die Stadt eine Verfassung nach französischem
Muster. Auch wurden französische Gesetze und Steuern eingeführt,
und Kontributionen und Aushebungen belasteten die Stadt schwer.

Das Wappen von Bremen

Doch schon im November 1813 war die französische Herrschaft in
Bremen vorbei und die Stadt konnte ihre alte Freiheit wiedererlangen.

Wie Lübeck und Hamburg wurde auch Bremen Mitglied des Deutschen Bundes und danach des Norddeutschen Bundes. 1871 wurde
es dann ein Bundesstaat *[mit 256 km² der flächenmäßig kleinste]* des
wilhelminischen Kaiserreichs und hatte dort *[wie auch Hamburg]*
für die deutsche Außenwirtschaft größte Bedeutung.

Und wie Hamburg trat auch Bremen erst nach der Bismarckschen Schutzzollpolitik dem Deutschen Zollverein bei *[1885]*.

Fläche der freien und Hansestadt Bremen: 225, 25 km².

Vergleich der Bevölkerungszahl:

1815	1866	1914
50.000	98.000	300.000

Wirtschaft und Verkehr:

1819 konnte Bremen zwar Herzog Peter von Oldenburg dazu bewegen, den Elsflether Zoll aufzuheben, doch der Bremer Handel kam lange Zeit *[bis 1830]* nicht mehr in Schwung.

1827 erwarb Bremen vom Königreich Hannover einen Uferstreifen an der Weser, um dort den neuen Seehafen für die Stadt zu errichten. Das erste Hafenbecken errichtete dort der Holländer Johannes Jacobus van Ronzelen, und schon 1830 landete hier das erste Schiff aus Amerika an: Bremerhaven war entstanden.

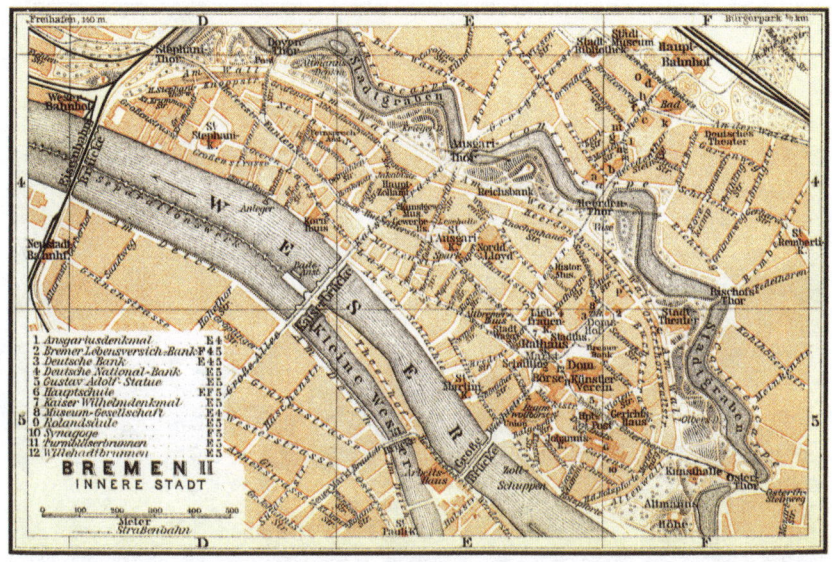

Stadtplan der Bremer Innenstadt

39

Der Beginn der eigenen Trans-Ozeanfahrt führte in Bremen auch zum Aufbau einer eigenen Schiffbauindustrie. 1842 gründete Carsten Waltjen die erste Werft und begann mit dem Bau von Eisenschiffen.

Der größte Teil der bremischen Handelsflotte wurde für die Fahrt nach Übersee eingesetzt. Haupthandelsgüter werden Tabak, Baumwolle und Kaffee. Als Auswandererhafen erlangte Bremen größte Bedeutung.

Anmerkung:
Wegen des schlechten Fahrwassers der Weser mussten größere Schiffe nach Bremen vorher im oldenburgischen Brake leichtern.

Verfassung

In Bremen blieb es im unruhigen Jahr 1848 verhältnismäßig still. Nach der Neuen Verfassung blieb der alte Senat bestehen. Doch sollte er nun mit einer aus freien und allgemeinen Wahlen hervorgegangenen Bürgerschaft zusammenarbeiten.

Bremen. Am Weserufer

Nach dem Ende der „Revolutionszeit" in Deutschland wurde diese Verfassung schnell wieder beseitigt, die Bürgerschaft wurde aufgelöst und eine neue verfassungsgebende Versammlung ausgerufen.

Bremen. Der Roland vor dem Rathaus

Eine neue Verfassung wurde schließlich am 21. Februar 1854 Verkündet. Nach dieser Verfassung wurde die Regierungsgewalt des Senats wieder voll hergestellt und blieb bis zum Ende des Ersten Weltkrieges in Kraft.

Hamburg

Zur Geschichte Hamburgs

Nach der Französischen Revolution *[1789]* hatte sich der Handel Hamburgs zuerst mehr als verzehnfacht. Doch durch die Kontinentalsperre erlitt der Handel der Stadt schwerste Schäden.

Hinzu kam, dass viele Hamburger Firmen ins Ausland abwanderten. Die Hauptindustrien der Stadt, Zuckersiederei und Kattunweberei, kam völlig zum Erliegen.

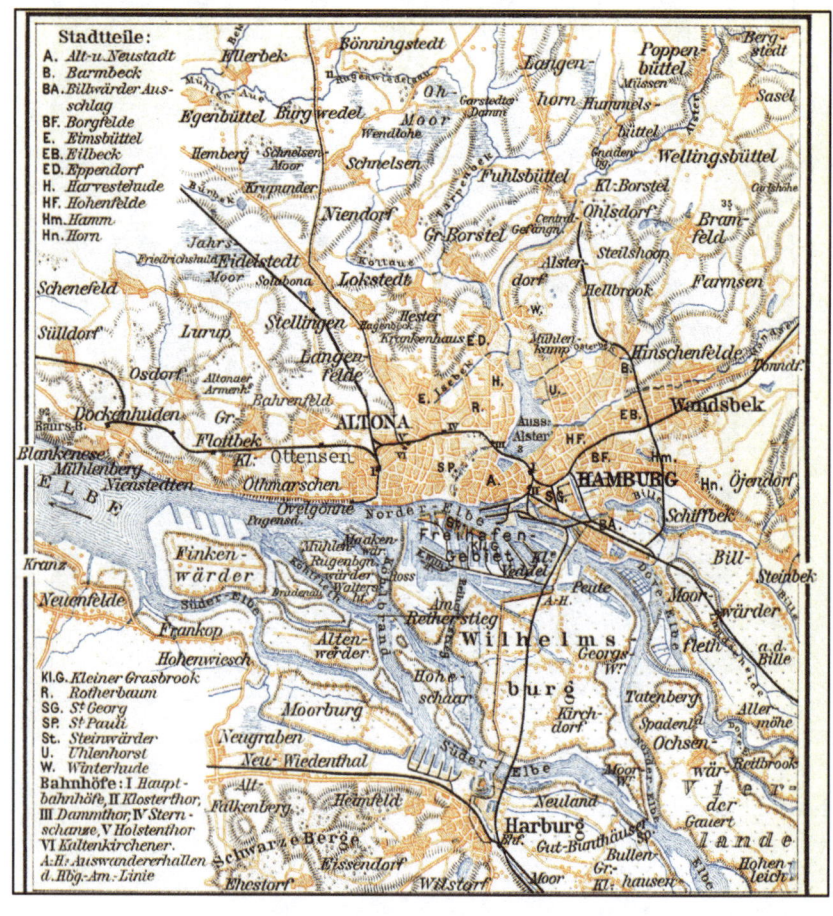

Hamburg und Umgebung um 1890

Die Besetzung durch die Franzosen bedeutete für die Stadt einen absoluten Tiefpunkt. So wurden die Vorräte der Bank von 7 ½ Millionen Mark beschlagnahmt. Zudem musste Hamburg 40 Millionen Franc Kontribution zahlen.

Nach der napoleonischen Zeit wurde Hamburg *[wie Lübeck und Bremen]* zuerst Mitglied des Deutschen Bundes, dann des Norddeutschen Bundes und 1871 schließlich Bundesstaat des Deutschen Reiches.

Die Fläche der freien und Hansestadt Hamburg betrug 409,75 km^2.

Vergleich der Bevölkerungszahl:

1815	1864	1914
154.000	280.000	1.015.000

Wirtschaft und Verkehr:
Nach 1815 lag die Hamburger Wirtschaft völlig danieder. Handel und Schifffahrt gab es nicht mehr. Doch durch die sehr guten Beziehungen zu England kommt der Hamburger Handel bald wieder in Gang.

1824 eröffnete die britische *General Steam Navigation Company* den regelmäßigen Verkehr nach Deutschland und wählte Hamburg als Anlaufhafen. 1839 bestanden dann schon Dampferverbindungen nach Amsterdam, Antwerpen, LeHavre, Hull, Leith und Newcastle.

1840 gründete der Schiffsmakler *Robert Miles* die Hanseatische Dampfschifffahrtsgesellschaft, die regelmäßig zwischen Hamburg und Hull verkehrte.

Besonders bedeutsam wurden für Hamburg die Unabhängigkeitsbestrebungen in den lateinamerikanischen Staaten. Seit 1817 errichtete Hamburg in den wichtigsten Häfen des amerikanischen Kontinents Konsulate.

Wappen von Hamburg

1827 kam es zu einem bedeutenden Handelsabkommen mit Brasilien, dem ähnliche Abkommen mit anderen lateinamerikanischen Staaten folgten. So wurde Hamburg schnell der wichtigste deutsche Hafen für den Handel mit Lateinamerika. Aber auch im Seehandel mit den europäischen Staaten kann Hamburg seine führende Stellung weiter festigen. Hinzu kam noch der Seehandel mit Asien und Afrika.

1874 erhielt Hamburg eine direkte Eisenbahnlinie zum Ruhrgebiet. Die Stadt war nun Deutschlands wichtigster Exporthafen und musste seine Hafenanlagen erweitern.

Verfassung

Vom 5. bis 8. Mai 1842 kam es in Hamburg zu einer schrecklichen Brandkatastrophe, in der fast ein Drittel der Stadt zerstört wurde.

Viele der staatlichen Einrichtungen erwiesen sich nach dieser Katastrophe als unzulänglich, und bei vielen Bürgern wurde das Verlangen nach einer neuen Verfassung immer größer.

Doch erst durch die Unruhen von 1848 fühlte sich der Senat genötigt, eine Kommission zur Vorbereitung einer Verfassungsänderung einzusetzen.

Die revidierte Verfassung wurde schließlich am 23. Mai 1850 von der Bürgerschaft angenommen, aber nicht durchgeführt.

Nachdem 1859 an Stelle der erbgesessenen Bürgerschaft ein neues Bürgerparlament trat, kam es am 28. September 1860 in Hamburg zu einer neuen Verfassung.

1864 wurden durch das Gewerbegesetz die alten, zunftmäßig organisierten Ämter und Bruderschaften der Handwerker beseitigt und 1871 eine Landgemeindeordnung erlassen.

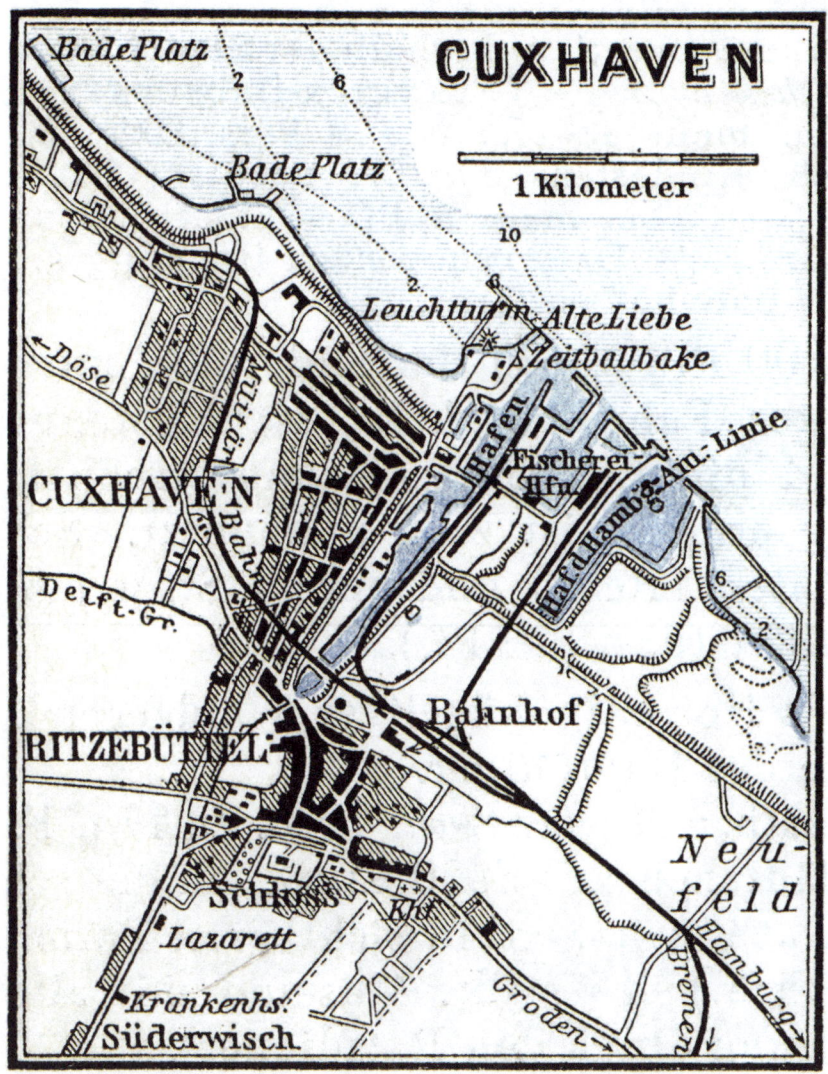

Cuxhaven [seit 1872 mit Ritzebüttel vereinigt]

Panorama des Hamburger Hafens

Hamburger Fleet bei der Reimersbrücke

Das Großherzogtum Oldenburg

Zur Geschichte des Großherzogtums

Am 22. März 1777 wurde Oldenburg durch
Kaiser Joseph II. zum Herzogtum erhoben.

Nach dem Tode Friedrich Augusts im Jahr
1785 regierte für den gemütskranken Wilhelm
dessen Vetter, der Koadjutor und nachmalige
Fürstbischof von Lübeck Peter.

*Wappen des
Großherzog-
tums Oldenburg*

1803 verlor Oldenburg im Reichsdeputationshauptschluss den einträglichen Elsflether Zoll.
1806 wurde Oldenburg, *wegen der Verwandt-
schaft seines Fürstenhauses mit Russland,* durch Holländer und
Franzosen besetzt und die Herrscherfamilie zur Flucht gezwungen.

Landesteil Fürstentum Birkenfeld

47

Das Großherzogtum Oldenburg
[Landesteile: Herzogtum Oldenburg und Fürstentum Lübeck]

Im Tilsiter Frieden von 1808 erhielt die Familie Oldenburg zwar zurück, musste aber dem Rheinbund beitreten. Am 10. Dezember 1810 nahm Napoleon das Land vollends in Besitz und verband es mit den Departements der Wesermündungen und der Oberems.

Auf dem Wiener Kongress 1815 büßte Oldenburg nur einige kleinere Gebietsteile *[an Bremen und Lübeck]* ein, erhielt dafür aber das bisherige Bistum Lübeck als erbliches Fürstentum, das hannoversche Amt Wildeshausen und die münsterschen Ämter Vechta und Cloppenburg.

Außerdem ging aus dem französischen Saardepartements zusätzlich das Fürstentum Birkenfeld *[mit 20.000 Einwohnern]* an Oldenburg.

1818 trat schließlich Kaiser Alexander I. von Russland noch die Herrschaft Jever an Oldenburg ab.

Oldenburg bestand nun aus drei getrennt verwalteten Teilen:
1. Das Herzogtum Oldenburg
2. Das Fürstentum Lübeck
3. Das Fürstentum Birkenfeld

Nach dem Tode von Herzog Wilhelm im Jahr 1823 erhielt Peter auch dem Namen nach die Regierung. Ihm folgte 1829 sein Sohn August, der für Oldenburg *[wie bereits auf dem Wiener Kongress vereinbart]* den großherzoglichen Titel annahm.

1853 verkaufte Oldenburg 5.500 Morgen Land am Jadebusen an Preußen, damit dieses dort einen Kriegshafen errichten konnte. Mit Wirkung vom 1. Januar 1854 trat Oldenburg dem Zollverein bei.

Zum Anspruch auf Schleswig-Holstein:
Beim Tode des dänischen Königs stellte sich erneut die Frage, an wen Schleswig-Holstein fallen sollte.

Am 17. November 1863 protestierte die oldenburgische Regierung gegen den Regierungsantritt von Christian IX. soweit sich dieser auf die Herzogtümer bezog. Und am 22. Mai 1865 betonte der oldenburgische Großherzog noch einmal ganz entschieden seine Erbansprüche auf Schleswig-Holstein.

1866 stand Oldenburg von vorneherein auf der Seite Preußens. Am 18. August trat Oldenburg dem Norddeutschen Bund bei. In einem Vertrag mit Preußen *[27. Oktober 1866]* gab der Großherzog seine Erbrechte an Schleswig-Holstein zu Gunsten Preußens auf. Als Entschädigung erhielt er das holsteinische Amt Ahrensböck *[149 km² mit 12.604 Einwohnern]* sowie 1 Million Taler.

Militärkonvention
Am 15. Juli 1867 schloss der Großherzog auch eine Militärkonvention mit Preußen ab.

Der Krieg 1870/71

Im deutsch-französischen Krieg kämpften die oldenburgischen Truppen im Verband mit der 19. Division.

Verfassung

Großherzog August ließ einen am 15. Juli 1848 vorgelegten Entwurf zu einer Verfassung durch den am 1. September eröffneten konstituierenden Landtag zum Staatsgrundgesetz erheben. 1851, nachdem sich in ganz Deutschland die revolutionäre Stimmung gelegt hatte, wurde dem Landtag von der Regierung ein Antrag auf eine vollständige Revision der Verfassung vorgelegt. Diese Revision des Staatsgrundgesetzes wurde 1852 vorgenommen und vom Landtag bestätigt.

Die Hauptstadt des Landes

Oldenburg an der Hunte war seit 1777 Residenz der Herzöge *[seit 1815 Großherzöge] von Oldenburg [Holstein-Gottorp].* Um 1890 hatte die Stadt rund 30.000 Einwohner.

Stadtwappen von Oldenburg

Zur Landschaft

Die Gebiete des Herzogtums Oldenburg und des Fürstentums Lübeck gehören der Norddeutschen Tiefebene an. Das Fürstentum Birkenfeld, gänzlich von der preußischen Rheinprovinz umschlossen, hingegen war gebirgig.

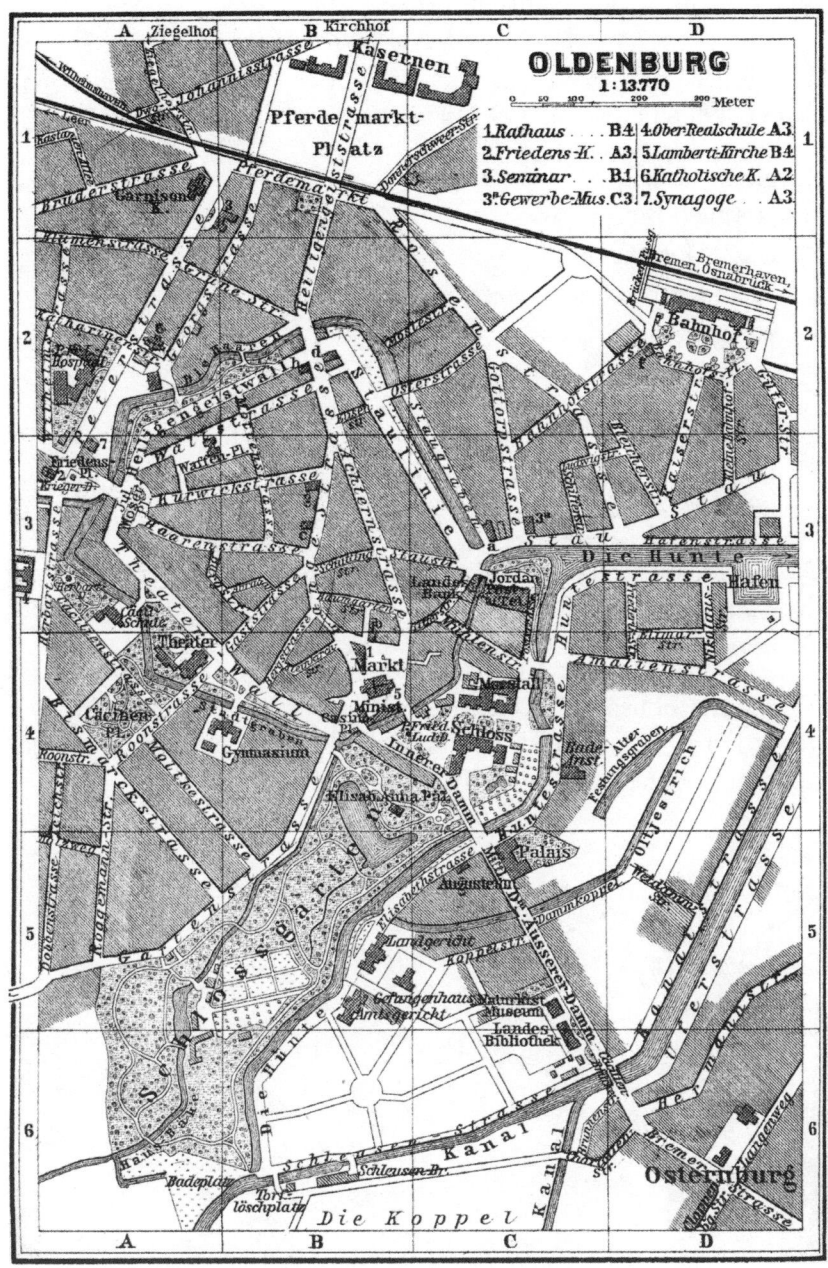

Plan der Stadt Oldenburg

Beschreibung der Landesteile

Zurzeit der Reichsgründung hatte das Großherzogtum Oldenburg an Land 6.399,68 km² und 319.314 Einwohner.

Religion:
Unter seinen Bürgern waren:

- 245.054 evangelisch
- 71.743 römisch-katholisch
- 909 andere Christen
- 1.578 Juden.

13 Orte hatten mehr als 2.000 Einwohner (mit insgesamt 56.509 Menschen), 844 Orte hatten weniger als 2.000 Einwohner (mit insgesamt 262.805 Menschen).

Die Mehrzahl der Bevölkerung ernährte sich vorwiegend von der Landwirtschaft, Schifffahrt und Viehzucht. Der Anteil der Gewerbetreibenden betrug im Durchschnitt nur 12,13 %.

Die meiste Industrie gab es in den Ämtern Elsfleth und Brake, hier wurde vornehmlich Reederei und Schiffbau betrieben. In Delmenhorst und Lohne gab es auch Tabakindustrie.

Wald:
Die Waldfläche betrug 44.793 Hektar.

Tierbestand 1873:

Pferde	33.827
Rinder	214.498
Schafe	194.151
Schweine	55.917
Ziegen	20.579

Das Herzogtum Oldenburg

Das Herzogtum Oldenburg hatte 5.375,43 km² und zählte 248.136
Einwohner im Jahr 1873. Es war in 17 Ämter unterteilt sowie in die
selbständigen Städte Oldenburg, Varel und Jever.

Oldenburg i. O. Residenzschloss

Das Herzogtum Oldenburg bildete den Bezirk des Oberlandesgerichts Oldenburg und des Landesgerichts Oldenburg.

Amtsgerichte des Herzogtums Oldenburg:
- Brake
- Butjadingen
- Damme
- Delmenhorst
- Elsfleth
- Friesoythe
- Jever *[mit Gymnasium]*
- Cloppenburg *[Militär: Dragoner 19, 1.4.5.;*
  Feld-Artillerie 26,1.; Landwehr 91,1.2.]
- Varel *[mit Realschule]*
- Vechta *[mit Gymnasium]*
- Westerstede
- Wildeshausen

Zur militärischen Einteilung :
Militärisch gehörte das Herzogtum Oldenburg zum Ersatzbezirk
des X. Armeekorps, 37. Brigade.

Das Fürstentum Lübeck

Das Fürstentum Lübeck erstreckte sich über 521,38 km² und hatte
1873 nur 34.085 Einwohner.

Zur Verwaltung:
Das Fürstentum zerfiel in die Stadt und das Amt Eutin sowie in das
Amt Schwartau.

Gerichtlich gehörte es zum Oberlandesgericht Hamburg und zum
Landesgericht Lübeck und hatte die Amtsgerichte:
- Ahrensböck
- Schwartau
- Eutin *[mit Gymnasium]*

Zur militärischen Einteilung:
Militärisch gehörte das Fürstentum Lübeck zum IX. Armeekorps,
36. Brigade.

Peter, Großherzog von Oldenburg

Das Fürstentum Birkenfeld

Das Fürstentum Birkenfeld hatte 1873 eine Fläche von 502,87 km²
mit 37.093 Einwohnern.

Zur Verwaltung:
Das Fürstentum Birkenfeld gehörte zum Oberlandesgericht Köln
bzw. zum Landesgericht Saarbrücken und hatte drei Amtsgerichte:
- Birkenfeld *[mit Gymnasium; Progymnasium; höhere Bür-gerschule]*
- Oberstein *[mit Realschule]*
- Nohfelden

Zur militärischen Einteilung :
Militärisch gehörte das Fürstentum Birkenfeld zum VIII. Armeekorps, 32. Brigade.

Die kleineren norddeutschen Binnenstaaten

Das Fürstentum Schaumburg-Lippe

*Wappen des Fürstentums
Schaumburg-Lippe*

*Georg, Fürst von
Schaumburg-Lippe*

Zur Geschichte des Fürstentums

Die Linie Schaumburg *[bzw. Bückeburg]* des Hauses Lippe wurde von Graf Philipp, dem jüngsten Sohn des Grafen Simon VI. von der Lippe, gestiftet.

Dieser erhielt als Apanage die Ämter Lipperode und Alverdissen. 1640 erbte er von seiner Schwester, der Mutter des letzten Grafen von Schaumburg, Otto VII., einen Teil der Grafschaft Schaumburg *[die Ämter Stadthagen, Bückeburg, Arensburg, Hagenburg, einen Teil von Sachsenhagen]*. Dieses Gebiet führte nun die Bezeichnung „Grafschaft Schaumburg". Mit Graf Friedrich Wilhelm Ernst erlosch dann die ältere Linie Bückeburg im Mannesstamm.

Ihm folgte die alverdissensche Linie mit dem Grafen Philipp Ernst *[Schaumburg-Lippe-Bückeburg]*. Sein Sohn Georg Wilhelm trat 1807 dem Rheinbund bei und nahm den Fürstentitel an. 1816 gab er seinem Land eine ständische Verfassung.

1866 stimmte das Fürstentum für die von Österreich beantragte Mobilmachung gegen Preußen, und das schaumburg-lippische Kontingent zog nach Mainz.

Nach der Niederlage Österreichs trat Schaumburg-Lippe dem Norddeutschen Bund bei und schloss 1867 eine Militärkonvention mit Preußen. Seit 1871 gehörte das Fürstentum dann zum Deutschen Reich.

Dem Fürsten Adolf Georg folgte 1893 schließlich sein ältester Sohn Fürst Georg.

Beschreibung des Landes:

Das Fürstentum Schaumburg-Lippe lag östlich der Weser und nördlich des Fürstentums Lippe. Es hatte 1873 eine Fläche von 443 km² und 33.133 Einwohner. Auf 1.000 Einwohner kamen 222,3 Gewerbetreibende.

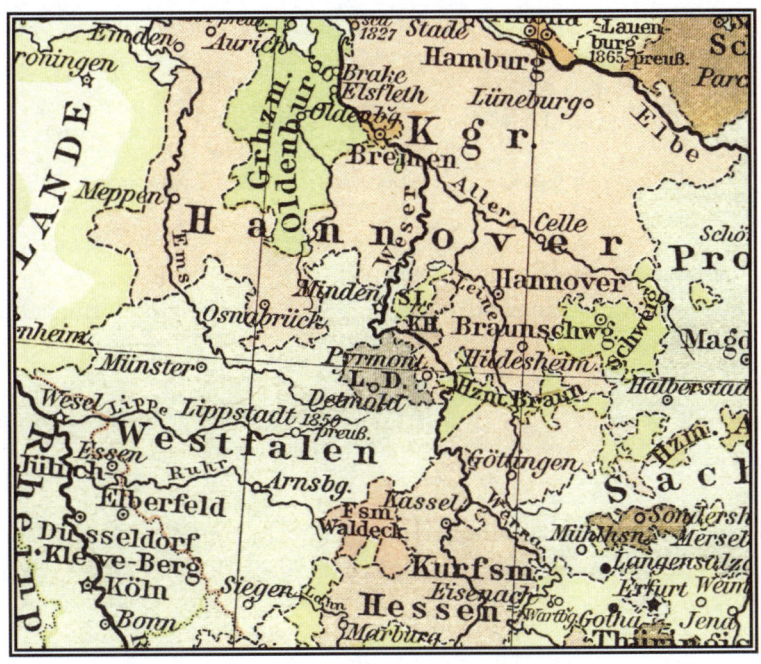

Das Fürstentum Schaumburg-Lippe
[Als Teil Nordwestdeutschlands; gelb = Schaumburg-Lippe]

Die Hauptstadt des Landes

Stadtwappen
von Bückeburg

Bückeburg, am Abhang des Harrel, war die Haupt- und Residenzstadt des Fürstentums Schaumburg-Lippe. Das Schloss der Stadt war schon seit 1534 Residenz.

1905 hatte die Stadt 5.625 Einwohner. Die ehemaligen Festungswerke waren bereits in Parkanlagen verwandelt.

Industrie:
Wichtig für Schaumburg-Lippe war die Steinkohleproduktion. Im Jahre 1878 betrug diese 1.676.269 Zentner.

Zum Viehbestand:
Pferde	2.866
Rinder	10.365
Schafe	6.963
Schweine	4.145

Zur Einteilung des Fürstentums:
Im Fürstentum Schaumburg-Lippe gab es zwei Städte: Bückeburg und Stadthagen.

Eingeteilt wurde es in drei Ämter: Bückeburg, Stadthagen und Hagenburg

Das Fürstentum Schaumburg-Lippe gehörte zum Bezirk des Oberlandesgerichts Oldenburg und bildete den Bezirk des Landesgerichts Bückeburg mit den Ämtern:

- Bückeburg *[mit Gymnasium und höherer Bürgerschule]*
- Stadthagen

Zur militärischen Einteilung:

Militärisch gehörte das Fürstentum Schaumburg-Lippe zum Ersatzbezirk des VII. Armeekorps, 26. Brigade; Bückeburg, Jäger 7.

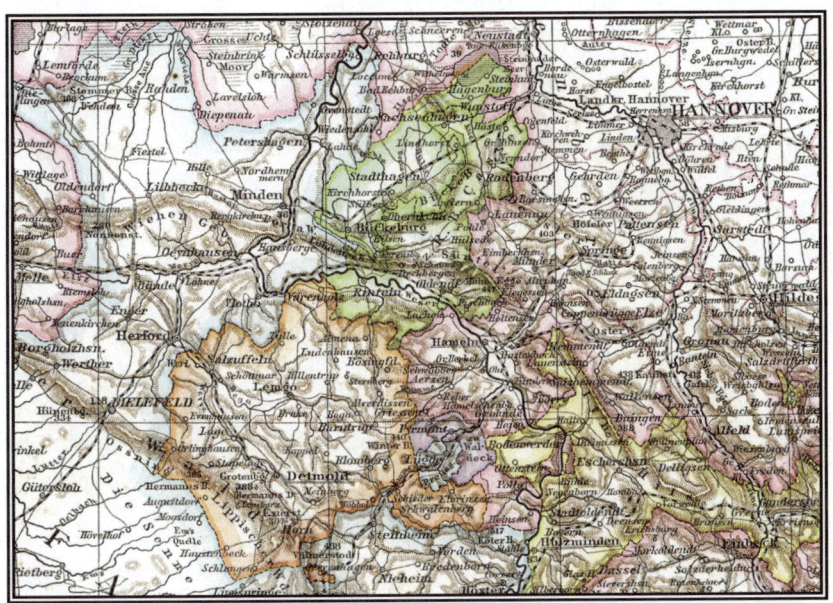

Das Fürstentum Schaumburg-Lippe (grün gekennzeichnet)

Das Fürstentum Lippe

Zur Geschichte des Fürstentums Lippe

Simon V. (1511-1536) war der erste aus dem Geschlecht, der den
Grafentitel annahm *[1528]*. Sein Enkel Simon VI. wurde dann der
Stammvater der beiden fürstlichen Linien. Sein ältester Sohn, Simon
VII., führte die regierende Linie fort. Dessen Sohn Otto stiftete die
Linie Brake *[erloschen 1709]*.

Sein Sohn Philipp erhielt Lipperode und Alverdissen nach dem Aussterben der Schauenburger Grafen *[1640]. (= siehe dazu auch unter
Schaumburg-Lippe).*

Friedrich Wilhelm Leopold (1782-1802) wurde 1789 in den Reichsfürstenstand erhoben. Nach seinem Tod regierte bis 1820 seine Witwe, die 1807 dem Rheinbund beitreten musste.

Nach der Auflösung des Rheinbundes schloss sich das Fürstentum 1813 dem Deutschen Bund an. 1819 erhielt das Land eine Repräsentativverfassung, 1836 eine neue Verfassung. Der endgültige Anschluss an den Zollverein erfolgte 1842. Bei dem Kampf zwischen Österreich und Preußen um die Vorherrschaft in Deutschland 1866 stand das Fürstentum auf der Seite Preußens und schloss 1867 eine Militärkonvention mit diesem ab. 1871 wurde es Bundesstaat des Deutschen Reiches.

Ab 1890 übernahm - an Stelle des geisteskranken Fürsten Alexander - der Prinz Adolf zu Schaumburg-Lippe *[Schwager des Kaisers]* die Regentschaft. Im Streit um die Erbfolge bestimmte schließlich 1896 ein Schiedsgericht Graf Ernst zur Lippe Biesterfeld *[† 1904]* zum Chef seiner Linie – zunächst als Regent. Ihm folgte in der Regierung sein Sohn, der Grafregent Leopold.

Wappen des
Fürstentums Lippe

Ernst, Grafregent
zur Lippe

Beschreibung des Fürstentums Lippe

Das Fürstentum Lippe hatte eine Fläche von 1.134,2 km² und 1873 eine Einwohnerzahl von 112.452. Fünf Gemeinden hatten mehr als 2.000 Einwohner *[insgesamt 19.433]*.

Zum Fürstentum Lippe gehörte auch die Enklave Lipperode bei Lippstadt in Westfalen mit 728 Einwohnern.

Auf je 1.000 Einwohner kamen 1873 etwa 127,9 Gewerbetreibende. Von Bedeutung für das Fürstentum war die Textilindustrie. In Lemgo gab es eine Meerschaumindustrie, in Salzuflen eine Saline, die im Jahr 1878 24.800 Zentner Kochsalz produzierte.

Die Hauptstadt des Landes

Detmold war die Haupt- und Residenzstadt des Fürstentums Lippe.

Gelegen am Ostfuß des Teutoburger Waldes zwischen Werre und Berlebecke. Das Residenzschloss wurde um 1500 erbaut. Im Jahr 1900 hatte die Stadt insgesamt 11.968 Einwohner.

Stadtwappen von Detmold

Zur Einteilung des Fürstentums:
Im Fürstentum Lippe gab es 7 Städte:
- Detmold
- Varntrupp
- Blomberg
- Horn
- Lage
- Lemgo
- Salzuflen

und 13 Ämter:
Blomberg, Brake, Detmold, Hohenhausen, Horn, Lage, Lippperode, Oerlinghausen, Schieder, Schötmar, Schwalenberg, Sternberg-Barntrup und Varenholz.

Das Fürstentum Lippe gehörte zum Bezirk des Oberlandesgerichts Celle und bildete den Bezirk des Landesgerichts Detmold mit den Amtsgerichten: Alverdissen, Detmold *[mit Gymnasium, höherer*

Bürgerschule. Militär: Inf. 55,3.; LW 55,1.], Hohenhausen, Horn, Lage, Lemgo *[mit Gymnasium],* Oerlinghausen, Salzuflen.

Zur militärischen Einteilung:

Militärisch gehörte das Fürstentum zum Ersatzbezirk des VII. Armeekorps, 26. Brigade.

Viehbestand:

Pferde	7.961
Rinder	33.485
Schafe	56.478
Schweine	30.593
Ziegen	25.914

Das Fürstentum Lippe

62

Das Fürstentum Waldeck

Zur Geschichte des Fürstentums Waldeck

Das gräfliche Haus Waldeck leitet sich ab von den Grafen von Schwalenberg, von dem Widukind und dessen Bruder Hermann 1189 als „Grafen von Waldeck" bezeichnet wurden.

Von ihren Neffen setzte Adolf *[1214-79]* den Zweig fort, Volkwin stiftete eine neue Linie Schwalenberg.

Mittelpunkt der Grafschaft war das Gericht Waldeck in Hessen mit Stadt und Burg Waldeck und den Städten Sachsenhausen und Bergheim. 1631 wurde die Grafschaft Pyrmont erworben.

Graf Georg Friedrich von Waldeck wurde 1682 von Kaiser Leopold I. gefürstet. Nach dessen Tod fielen die waldeckschen Besitzungen an Christian Ludwig *[von der Eisenberger Linie]*.

Sein Sohn, Graf Friedrich Anton Ulrich, wurde 1712 von Kaiser Karl VI. in den Reichsfürstenstand erhoben.

Friedrich, ältester Sohn von Karl August Friedrich *[† 1763]*, erhielt 1803 eine Virilstimme im Reichsfürstenrat.

Wappen des Fürstentums Waldeck

1805 überließ er seinem jüngeren Bruder Georg die Grafschaft Pyrmont. Er selber trat 1807 dem Rheinbund bei. 1812 wurden die beiden Territorien aber schon wieder vereinigt.

Nach der Beseitigung der napoleonischen Herrschaft in Europa trat 1815 Georg Friedrich Heinrich *[† 1845]* dem Deutschen Bund bei. Seine 1814 erlassene Verfassung wurde von den Ständen nicht gebilligt.

1832 schloss sich das Fürstentum dem Deutschen Zollverein an, 1862 wurde eine Militärkonvention mit Preußen geschlossen. 1866 stand Waldeck auf der Seite der Preußen und schloss sich nach dem Krieg auch dem Norddeutschen Bund an.

Ab dem 1. Januar 1868 ging die Verwaltung des Staates an Preußen über. 1871 wurde Waldeck Teil des Deutschen Reiches. Als Fürst Georg Viktors *[1893] starb,* übernahm sein ältester Sohn Fürst Friedrich die Regierungsgeschäfte.

Friedrich, Fürst zu Waldeck und Pyrmont

Beschreibung des Fürstentums Waldeck

Das Fürstentum Waldeck erstreckte sich über eine Fläche von 1.120,96 km² und hatte 1816 52.557 bzw. 1875 54.743 Einwohner.

Es bestand aus zwei getrennten Teilen:

- Waldeck 1.055,42 km² mit 47.140 Einwohnern
- Pyrmont 65,53 km² mit 7.603 Einwohnern

Die Hauptstraße von Arolsen

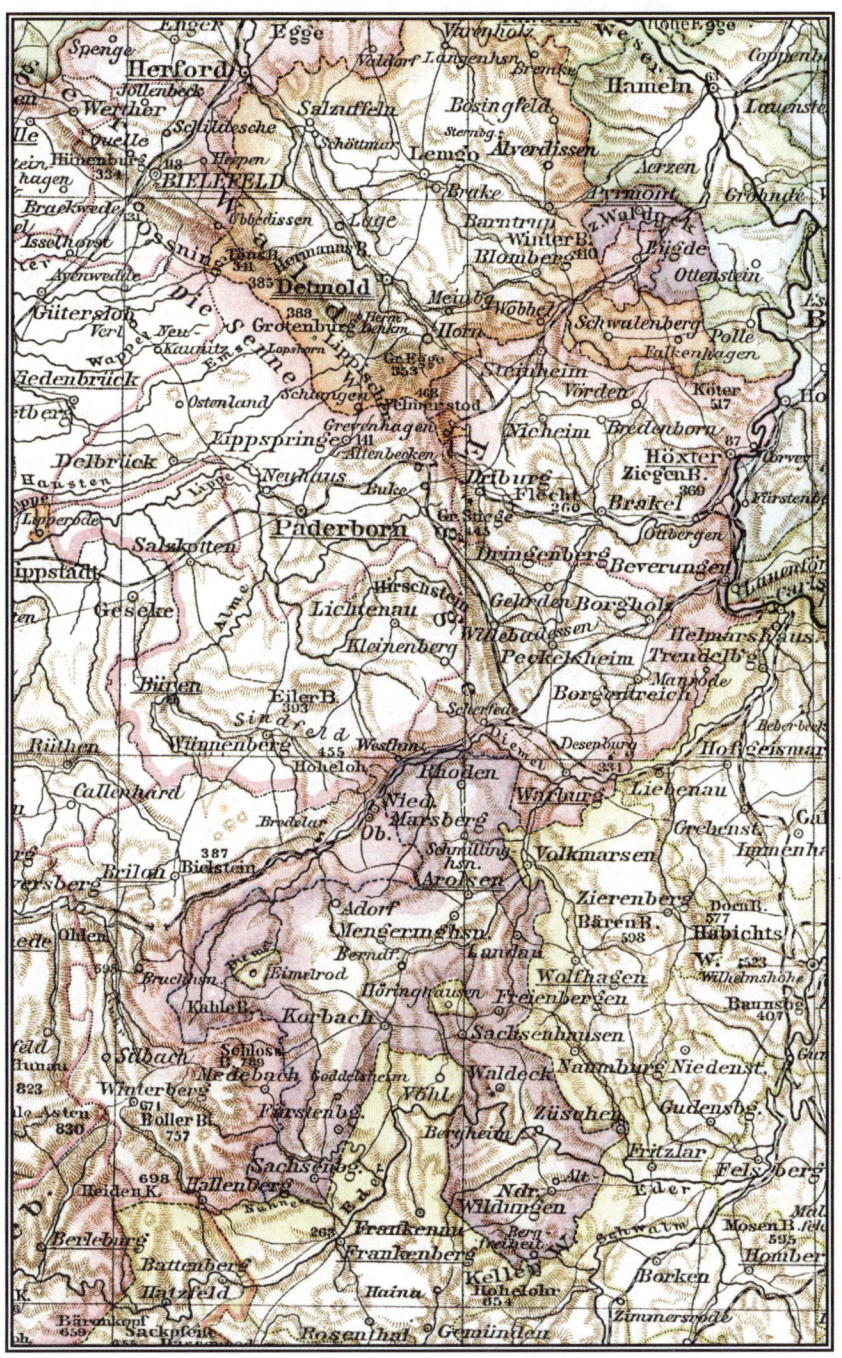

Das Fürstentum Waldeck (lila gekennzeichnet)

Haupt- und Residenzstadt des Fürstentums Waldeck war die Stadt Arolsen an der Aar. Mit der Garnison zusammen hatte der Ort 1900 2.734 Einwohner. Das Schloss wurde in den Jahren 1710–1790 erbaut.

Religion:
1871 lebten im Fürstentum
- 54.055 Evangelische
- 1.305 Römisch-Katholische
- 834 Juden
- 30 sonstiger Konfession

Verwaltung:
Seit dem Vertrag vom 18. Juli 1867 war die Verwaltung des Fürstentums auf Preußen übergegangen. Das Landesdirektorium befand sich in Arolsen.

Das eigentliche Fürstentum Waldeck gehörte zum Oberlandesgericht Kassel bzw. zum Landesgericht Kassel und hatte 3 Amtsgerichte:

- Arolsen *[mit höherer Bürgerschule, Militär: Inf. 83,3.; LW 83,1.]*
- Korbach *[mit Gymnasium]*
- Niederwildungen

Das Fürstentum Pyrmont gehörte zum Oberlandesgericht Celle bzw. zum Landgericht Hannover. Es besaß ein Amtsgericht in Pyrmont.

Zur militärischen Einteilung:
Das Fürstentum Waldeck stellte Soldaten für das XI. Armeekorps.

Das Herzogtum Braunschweig

Der Burgplatz in Braunschweig

Zur Geschichte des Herzogtums

Das Herzogtum Braunschweig gehörte zu den Allodien, die Heinrich der Löwe auch nach seinem Sturz 1181 behielt.

Das Herzogtum Braunschweig, wie es in der wilhelminischen Kaiserzeit bestand, ging auf Herzog August zurück. Dieser hatte 1635 von der mittleren Linie Braunschweig-Lüneburg **Wolfenbüttel** geerbt. Seitdem hieß diese Linie nun „die neue Linie Braunschweig-Wolfenbüttel".

Auf ihn folgte Rudolf August, der sich 1671 auch die Stadt Braunschweig endgültig unterwarf. Herzog Karl *[1735-1780]* verlegte die Residenz dann 1753 von Wolfenbüttel nach Braunschweig.

Da der Herzog Karl von Braunschweig 1806 die Führung der preussischen Truppen bei Jena und Auerstedt übernommen hatte, wurde das Herzogtum auch in die preußische Katastrophe mit hineingerissen. Nach dem Tilsiter Frieden *[1807]* wurde das Herzogtum Teil des napoleonischen Königreichs Westfalen. Erst mit dem 6. November 1813 konnte die französische Fremdherrschaft abgeschüttelt werden.

1820 erhielt das Land eine landständische Verfassung. 1830 kam es in Braunschweig zu einem Aufstand, wobei das Residenzschloss in Brand gesteckt wurde.

Albrecht, Regent von Braunschweig

Wappen des Herzogtums Braunschweig

1844 trat das Land dem Zollverein bei, 1849 schloss es eine Militärkonvention mit Preußen ab.

1866 wollte Braunschweig zuerst neutral bleiben, schloss sich dann aber den Preußen an. 1871 wurde das Herzogtum schließlich ein Teil des Deutschen Reiches.

1884 *[nach dem Tod Herzog Wilhelms]* kam es zu Problemen bei der Nachfolge. Schließlich bestimmte am 2. Juli 1885 der Bundesrat „dass die Regierung des Herzogs von Cumberland in Braunschweig bei seinem Verhältnis zum Bundesstaat Preußen mit den Grundprinzipien der Bundesverträge und der Reichsverfassung nicht vereinbar sei." Danach wurde einstimmig Prinz Albrecht von Preußen zum Regenten ernannt.

Dieser schloss 1886 eine neue Militärkonvention mit Preußen ab, wodurch die braunschweigischen Truppen in die preußische Armee eingereiht wurden.

Beschreibung des Herzogtums

Das Herzogtum Braunschweig erstreckte sich über eine Fläche von 3.690,42 km² mit 1871 327.493 Einwohnern.

Die 13 Städte des Landes hatten 119.952, die 443 Landgemeinden 207.541 Einwohner. 15 Gemeinden hatten mehr als 2.000 Einwohner *[d.i. 124.987]*.

Religion:
Von den Bewohnern des Herzogtums waren:
- 300.196   Lutheraner
- 2.793   Reformierte
- 7.030   Katholiken
- 574   sonstige Christen
- 1.171   Juden

Die Hauptstadt des Herzogtums Braunschweig

Die Stadt **Braunschweig** war die Haupt- und Residenzstadt des gleichnamigen Herzogtums. Die Burg Dankwarderode wurde nach dem Brand von 1873 wiederhergestellt. Um 1900 belief sich die Einwohnerzahl Braunschweigs zusammen mit der Garnison auf 128.226.

Gewerbe:
Auf 1.000 Einwohner kamen 173,7 Gewerbetreibende.

Das Stadtwappen von Braunschweig

Landwirtschaft:
Die nördlichen tiefer gelegenen Landesteile trieben vornehmlich

Landwirtschaft und Viehzucht. Großgrundbesitz gab es wenig. Das Ackerland war zu 2/3 in bäuerlichen Händen.

- Garten- und Gemüseanbau bei Braunschweig
- Zuckeranbau im Amt Vechelde

Viehbestand im Jahre 1873:
- Pferde   24.813
- Rinder   86.172
- Schafe   313.165
- Schweine   76.781
- Ziegen   41.494

Altstadtmarkt in Braunschweig

Zum Bergbau, Hütten- und Salinenwesen:
Für das Herzogtum bedeutend war der Bergbau bzw. das Hütten- und Salinenwesen in den Kreisen Gandersheim und Blankenburg am Harz.

Zur Produktion 1878:
- Braunkohle   4 Millionen Zentner
- Kochsalz *[Amt Helmstedt]*   113.838 Zentner

Das Herzogtum Braunschweig (gelb gekennzeichnet)

- Asphalt *[Amt Eschershausen]*   200.000 Zentner
- Eisenerz   880.214 Zentner
- Bleierz   11.384 Zentner
- Schwefelsäure   173.152 Zentner
- Eisenhüttenprodukte   168.129 Zentner

Industrie:
In den Städten Braunschweig und Wolfenbüttel gab es ebenfalls
Industrie: Vornehmlich Nahrungsmittelindustrie.

Zur Einteilung des Herzogtums:
Das Herzogtum Braunschweig zerfiel in drei größere durch fremdes
Landesgebiet getrennte Teile und in fünf kleinere Enklaven:

- Harz und Aller mit Braunschweig
- Harz und Weser mit Holzminden
- Blankenburg am Harz und Umgebung
- Von der preußischen Provinz Sachsen eingeschlossene Amt Calvörde mit 4.308 Einwohnern
- Zwischen Verden und Bremen gelegene Amt Thedinghausen mit 4.128 Einwohner
- Flecken Bodenburg mit dem Dorf Gestrum *[zum Amt Gandersheim gehörig]*
- *[nördlich von Goslar]* Dorf Ostharingen *[zum Amt Lutter am Barenberge gehörig]*
- *[südlich von Peine]* Dorf Oelsburg *[zum Amt Vechelde gehörig]*

Die Verwaltungsorganisation des Herzogtums Braunschweig war von dieser gegebenen Einteilung unabhängig.

Einteilung des Herzogtums in 6 Kreise:

- **Kreis Braunschweig** *[543,1 km² mit 100.392 Einwohnern]* – darin die Stadt Braunschweig und die Ämter Riddagshausen, Vechelde, Thedinghausen
- **Kreis Wolfenbüttel** *[763 km² mit 62.584 Einwohnern]* – darin Stadt und Amt Wolfenbüttel, Schöppenstedt, Salder, Harzburg
- **Kreis Helmstedt** *[788 km² mit 54.457 Einwohnern]* – darin die Ämter Helmstedt, Schöningen, Königslutter, Vorsfelde, Calvörde
- **Kreis Gandersheim** *[547,7 km² mit 43.290 Einwohnern]* – darin die Ämter Gandersheim, Seesen, Lutter am Barenberge, Greene
- **Kreis Holzminden** *[573,9 km² mit 42.732 Einwohnern]* – darin die Ämter Holzminden, Stadtoldendorf, Eschershausen, Ottenstein
- **Kreis Blankenburg** *[474,7 km² mit 24.038 Einwohnern]* – darin die Ämter Blankenburg, Hasselfelde, Walkenried

Gerichtsorganisation:
Das Herzogtum Braunschweig hatte ein eigenes Oberlandesgericht mit zwei Landgerichten: Braunschweig und Holzminden.

Zur militärischen Einteilung:
Das Herzogtum Braunschweig gehörte im Kaiserreich zum Ersatzbezirk des X. Armeekorps, 40. Brigade.

Das Braunschweiger Kontingent bestand aus dem Inf.-Regt. Nr. 92 *[beim XV. Armeekorps kommandiert, Garnison Metz]*, dem Husaren-Regt. Nr. 17 und der 5. Batterie des Feld-Art.-Regt. Nr. 10.

Das Herzogtum Anhalt

Karte des Herzogtums Anhalt (gelb gekennzeichnet)

Zur Geschichte des Herzogtums

Als Ahnherr des anhaltinischen oder askanischen Fürstenhauses gilt Graf Adalbert von Ballenstedt, der von seiner Mutter ansehnliche Allodien zwischen Elbe und Saale erbte.

Heinrich I. *[1212-1244]* erbte die Anhaltinischen Lande und wurde 1218 erster Fürst von Anhalt. Doch schon unter seinen Söhnen wurde das Gebiet wieder geteilt.

Erst 1570 konnte Joachim Ernst die gesamten anhaltinischen Lande wieder vereinigen. Seine Söhne aber teilten das Land 1603 erneut. Johann Georg I. erhielt Dessau, Christian I. Bernburg, August Plötzkau, Rudolf Zerbst und Ludwig Köthen.

1806 erwarb der Fürst von Bernburg von Kaiser Franz II. den Herzogtitel, 1807 nahmen auch die Fürsten von Dessau und Köthen den Herzogtitel an. 1807 traten die Fürsten des Gesamthauses dem Rheinbund bei, 1815 dem Deutschen Bund. 1828 wurde Anhalt Teil des preußischen Zollvereins.

1863 schließlich wurden die anhaltinischen Lande zum Herzogtum Anhalt vereinigt. Das Herzogtum schloss mit Preußen eine Militärkonvention ab und stand 1866 auch auf dessen Seite. Im gleichen Jahr trat es dem Norddeutschen Bund bei, 1871 auch dem Deutschen Reich.

Friedrich, Herzog von Anhalt

Wappen des Herzogtums Anhalt

Nach dem Tode des Herzogs Leopold Friedrich 1871 folgte sein Sohn Friedrich in der Regierung.

Beschreibung des Herzogtums

Das Stammland des Herzogtums war Dessau, an das durch das Erlöschen der anderen Herzoglinien Köthen *[23. November 1847]* und Bernburg *[19. August 1863]* fielen.

Das Herzogtum Anhalt bestand aus den drei Herzogtümern:
- Anhalt
- Köthen
- Bernburg

Das gesamte Herzogtum war in 5 Kreise eingeteilt:

	☐Kilom.	Einw. 1875.	Einw. auf 1 ☐Kilom.	Gewerbtreibende auf 1000 Einw.
Dessau	448,52	48 284	109,9	205,6
Köthen	340,59	42 753	125,5	232,6
Zerbst	811,24	38 691	47,7	171,1
Bernburg	404,21	57 540	142,4	224,6
Ballenstedt	342,79	26 297	76,7	190,2
Zusammen:	2347,35	213 565	91,0	208,1

Die Einwohnerzahl stieg stetig:
1818	122.447
1864	193.046
1875	213.565

Religion:
1871 gab es im Herzogtum Anhalt
- Katholiken   3.378
- Protestanten   198.107
- sonstige Christen   56
- Juden   1.896

Bodennutzung 1878:
Im Herzogtum Anhalt gab es:
- Acker- und Gartenland   141.154 ha
  [darunter 16.068 mit Rüben zur Zuckerfabrikation]
- Wiesen und Weiden   19.785 ha
- Forstland   55.843 ha
- Sonstiges   12.645 ha

Viehbestand 1873:
- Pferde   14.403
- Rinder   52.976

- Schafe   163.217
- Schweine   43.640
- Ziegen   23.639

Bergbau 1878
- Braunkohle   615.300 t
- Bleierze   1.700 t
- Steinsalz   14.900 t
- Kalisalz   462.300 t
  [= die Hälfte der Produktion Deutschlands]
- sonstige Salze   25.200 t
- Blei   700 t
- Silber   1.000 Kilogramm

Industrie:
Neben dem Bergbau war im Herzogtum Anhalt besonders die chemische Industrie von Bedeutung. Es gab daneben auch noch Metall-
und Textilindustrie.

Die Hauptstadt des Herzogtums Anhalt

Dessau war die Haupt- und Residenzstadt des Herzogtums Anhalt.
Die Stadt liegt an der Mulde, die
drei Kilometer unterhalb in die Elbe
einmündet. Um 1900 hatte die Stadt
Dessau zusammen mit der Garnison
50.849 Einwohner.

Zur militärischen Einteilung:
Das Anhaltische Kontingent gehörte
zum Preußischen IV. Armeekorps.
*[= Anhaltisches Inf. Reg. Nr. 93
und Anhaltische Landwehr 93].*

Stadtwappen von Dessau

Das Königreich Sachsen

Zur Geschichte des Königreichs

Unter Napoleon erlangte das Kurfürstentum Sachsen die Königswürde. Friedrich August I. wurde erster sächsischer König. 1812 nahmen 21.000 Sachsen an Napoleons Russlandfeldzug teil, von denen weniger als 6.000 Menschen wieder nach Sachsen zurückkehrten.

Wappen des Königreichs Sachsen

Als 1813 die Verbündeten in Sachsen eindrangen, blieb der König an der Seite Napoleons und musste schließlich aus seinem Land fliehen. Nach dem Sturz Napoleons herrschten ersteinmal die Preußen im Königreich, und auf dem Wiener Kongress konnte Sachen nur durch das Eintreten von Talleyrand sowie von England und Österreich seine Selbständigkeit behaupten.

Nach langen Verhandlungen kam es 1815 schließlich zu einer Teilung von Sachsen. Preußen erhielt die Niederlausitz, einen Teil der Oberlausit, den Kurkreis, den Neustädter Kreis, Naumburg und Merseburg: Zusammmen 20.000 km² mit 864.404 Einwohnern.

Der Rest Sachsens hatte nur noch 15.000 km² mit 1.182.744 Einwohnern und verblieb Friedrich August als Königreich. 1815 trat das Königreich Sachsen dem Deutschen Bund bei, 1833 erfolgte Sachsens Anschluss an den preußischen Zollverein.

1849 kam es zu einem Aufstand der Bevölkerung in Dresden *[Dresdener Maiaufstand]*.

1866 trat Sachsen entschieden auf die Seite Österreichs. Daraufhin erfolgte der Einmarsch der preußischen Truppen bei Strehla und Löbau und schließlich die Besetzung des ganzen Landes.

Albert, König von Sachsen

Nach dem Sieg Preußens konnte die endgültige Annexion durch Preußen nur mühsam verhindert werden. Sachsen trat schließlich dem Norddeutschen Bund bei und übergab die Festung Königstein an Preußen und schloss mit diesem 1867 eine Militärkonvention ab. 1871 trat Sachsen dem Deutschen Reich bei.

1873 folgte König Albert seinem Vater auf den Königsthron. Es folgte sein Bruder König Georg *[1901-1904]* und schließlich dessen Sohn Friedrich August III.

1902 kam es durch die Flucht und dem Ehebruch der Kronprinzessin Luise zu größter Aufregung im Land. Schließlich kam es zu einer gerichtlichen Scheidung ihrer Ehe.

Beschreibung des Königreichs Sachsen

Vorbemerkung:
Das Königreich Sachsen zählte in der Kaiserzeit zu den am dichtesten bewohnten und industriereichsten Ländern in Europa.

Zur Bevölkerungsentwicklung
Das Königreich Sachsen hatte an Einwohnern:

- 1815   1.178.802
- 1855   2.039.176
- 1871   2.556.244
- 1875   2.760.586

Aufteilung der Bevölkerung:

2 Gemeinden	von	über	100 000 Einw.	=	324 682	Einw.	=	11,77 %
1	„	„	50 000—100 000 „	=	78 209	„	=	2,83 „
6	„	„	20 000 „ 50 000 „	=	147 243	„	=	5,33 „
57	„	„	5 000 „ 20 000 „	=	441 412	„	=	15,99 „
154	„	„	2 000 „ 5 000 „	=	463 572	„	=	16,79 „
3564	„	„	2 000 u. weniger „	=	1 305 468	„	=	47,29 „

Aufteilung der Bevölkerung nach Religionszugehörigkeit:
- evangelisch   2.493.556
- römisch-katholisch   53.642
- sonstige Christen   4.893
- Juden   3.357
- andere   796

Aufteilung der Bevölkerung nach Beschäftigung:
Über die Hälfte der Bevölkerung *[51,8 %]* arbeitete in der Industrie, 10,1 % im Handel und Verkehr, nur 28,1 % in der Landwirtschaft. 10 % gehörte sonstigen Berufsarten an.

Im Königreich Sachsen überwog der städtische Charakter.

Anmerkung:
Die starke Vermehrung der Bevölkerung beruhte teils auf Einwanderung *[sächsische Industriebezirke]*, teils auf einen großen Geburtenüberschuss. 1876 betrug dieser 48.240.

Die Bevölkerung konzentrierte sich immer mehr in den Industriebezirken Sachsens, wohingegen die landwirtschaftlichen Gebiete z. T. an Bevölkerung verlor.

Die Hauptstadt des Königreiches

Die Haupt- und Residenzstadt des Königreichs Sachsen war die Stadt Dresden, die wegen ihrer anmutigen Lage und der vielen Kunstschätze darin vom Dichter Herder als „deutsches Florenz" bezeichnet wurde.

Dresden. Frauenkirche

Die Zahl der Einwohner betrug um 1900 *[ohne die erst später ein-verleibten Vororte, jedoch mit der Albertstadt]* 396.146, nach der Erweiterung 1903 rund 494.000.

Die Stadt bildete sich:

Auf dem linken Elbufer: Die Alt-
stadt mit der Pirnaischen-, See-,
Wilsdruffer- und Südvorstadt, der
Johannstadt und der Friedrichstadt.

Auf dem rechten Elbufer: Die
Neustadt und die Antonstadt mit
der Leipziger Vorstadt

Zur Einteilung des Königreiches:

**Das Wappen
der Stadt Dresden**

Das Königreich Sachsen war in vier Regierungsbezirke unterteilt,
denen die Städte Dresden, Leipzig, Chemnitz und 27 Amtshaupt-
mannschaften unterstellt waren.

Die Regierungsbezirke des Königreichs Sachsen:

Reg.-Bez.	Amtshaupt-mannschaften.	□Kilom.	Einw. 1875.	Einw. auf 1 □Klm.	Gewerbtreib. auf 1000 Einw.
Bautzen	4	2 469,73	339 203	137,3	259,7
Dresden	7	4 336,86	749 503	172,8	128,8
Leipzig	6	3 567,35	639 975	179,3	191,8
Zwickau	10	4 619,00	1 031 905	223,4	264,2
Königr. Sachsen	27	14 992,94	2 760 586	184,1	228,5

Zur Landwirtschaft

Bodennutzung 1878:

- Acker- und Gartenland   813.551 ha
- Wiesen und Weiden   201.667 ha
- Forstland *[gr. Teil in Staatsbesitz]*   415.161 ha
- Wege, Haus- und Hofräume   45.976 ha
- Ödland, „Unland" und Gewässer   20.307 ha

Beim Grundbesitz überwogen mittlere und kleine Höfe, Großgrundbesitz war selten. Landwirtschaft und Viehzucht standen auf
sehr hoher Stufe. Anmerkung: Die in früheren Zeiten so bedeutende
Schafzucht ging allerdings immer mehr zurück.

Dresden um 1890

Viehbestand 1873:

- Pferde 115.792
- Rinder 647.972
- Schafe 206.833
- Schweine 301.369
- Ziegen 105.487

Zum Bergbau und Hüttenwesen

Der Bergbau hatte in Sachsen eine lange Tradition und war auch weiterhin bedeutend. Für 1878 gelten folgende Produktionszahlen:

- Steinkohle 3.099.100 t
  [Zwickau, Plauenscher Grund bei Dresden]
- Braunkohle 560.100 t
- Eisenerz 10.600 t
- Zinkerz 200 t
- Bleierz 2.500 t
- Silber- und Golderze 15.500 t
- Schwefelkies 5.300 t
- andere Bergwerksprodukte 1.900 t
- Roheisen 8.000 t
- Blei 4.900 t
- Silber 37,7 t
- Gold 0, 137 t
- Schwefelsäure 11.500 t
- Vitriole 2.200 t
- andere Hüttenprodukte 1.500 t

Anmerkungen:

Salzvorkommen fehlten in Sachsen gänzlich.

Der Metallbergbau ist in der Zeit des Kaiserreiches *[nach einem Maximum im Jahre 1871]* zurückgegangen.

Waren im Jahre 1853 noch 388 Gruben in Betrieb *[mit 11.077 Mannschaften]*, so waren es im Jahre 1878 nur noch 166 Gruben mit 7.894 anfahrenden Mannschaften. Dagegen wurde bedeutend mehr Kohle gefördert.

Das Königreich Sachsen

Meißen um 1900

Zur sächsischen Industrie:
Die große Bedeutung der sächsischen Industrie beruhte nicht auf dem Vorhandensein von Massenindustrien.

Ausnahme:
Die sächsische Textilindustrie *[= die größte im Deutschen Reich]*

Vielmehr hatten sich alle Industriezweige in Sachsen gleichmäßig gut entwickelt und sich im gesamten Land angesiedelt.

Vorwiegend landwirtschaftliche Gebiete gab es nur im Norden links und rechts der Elbe.

Zu den Sitzen der einzelnen Industriezweige:

- Handelsgärtnerei in Dresden und Leipzig
  [mit starkem Export]
- Die Muldener Hütten bei Freiberg verarbeiteten neben den Produkten des sächsischen Silber- und Kobaltbergbaus auch spanische und mexikanische Erze
- Die Blaufarbenwerke bei Schneeberg verarbeiteten auch norwegische Erze

- Königliche Porzellanmanufaktur in Meißen
- Steingutfabrikation in Dresden, Zwickau und Meißen
- Eisengießereien in Gröditz bei Großenhain, Chemnitz und bei Leipzig
- Sächsische Maschinenfabrik mit 2.430 Beschäftigten
- In Chemnitz Bau von Lokomotiven und Herstellung aller möglichen Arten von Umtriebs- und Arbeitsmaschinen
- In Leipzig wurden Buchbinder- und Buchdruckmaschinen gebaut
- Musikinstrumentenbau in Leipzig *[besonders Flügel]* und Dresden
- In Marienkirchen Blas- und Streichinstrumente
- In der Lausitz *[Zittau und Löbau]* war der Hauptsitz der Leinenweberei und der Herstellung baumwollener Stoffe
- Tuchweberei in Großenhain und bei Döbeln
- Flanelle in Oederan und Frankenberg
- Wollene Stoffe in Glauchau, Meerane und Chemnitz
- Strumpfwaren und baumwollene Handschuhe bei Chemnitz
- Posamentierwaren in Annaberg und im Vogtland
- Spitzenklöppelei und Stickerei im Erzgebirge und Vogtland
- Bleichereien, Färbereien und Appreturanstalten in der Lausitz und in der Umgebung von Frankenberg und Plauen
- Papierfabrikation in Hainsberg bei Dresden, in Penig und im Erzgebirge
- Tapeten und Luxuspapiere in Leipzig und Wurzen
- Lederwaren in Oschatz und bei Leipzig
- Wachstuch und Gummiwaren in Leipzig
- Spielwaren in Seifen und Grünhainichen
- Möbelfabrikation in Rabenau und Waldheim
- Zigarrenfabrikation in Waldheim, Leipzig und Dresden
- Spiritusraffinerie in Leipzig
- Zuckerwaren und Schokolade in Leipzig und Dresden
- Bäckereiwaren in Wurzen
- Pelzwarenzurichtung, Färberei und Kürschnerei in und bei Leipzig und in Markranstädt
- Filzwaren in Oschatz

- Schuhwaren in Dresden und Groitzsch
- Herstellung künstlicher Blumen in Leipzig
- Die polygraphischen Gewerbe aller Art, Buch- und Noten-
  druckerei, Steindruckerei, Holzschneiderei und Buchbinderei
  mit Zentrum in Leipzig

Leipzig. Altes Rathaus

Bierbrauereien:
Im Jahr 1879 produzierten 708 Brauereien 2.984.158 Hektoliter Bier. Die größten Brauereien befanden sich bei Dresden, Leipzig und Chemnitz. Der Bierexport war bedeutend.

Brennereien:
Die Zahl der Brennereien war von 1.684 im Jahr 1838 auf 678 im Jahre 1879 gesunken, aber durchaus noch bedeutend. 1879 wurden 2.508.933 Hektoliter an Rohstoffen verbraucht.

Anmerkung:
Außer diesen genannten größeren Industriezweigen gab es in Sachsen noch zahlreiche Spezialindustrien, die z.T. führend auf dem Weltmarkt waren.

Zur benutzten Energie in den sächsischen Industriebetrieben
In Sachsen gab es 238.303 Hauptbetriebe. Davon arbeiteten 7.352 mit Motoren und motorischen Kräften.

Die Zahl der Betriebe mit Wasserkraft betrug 4.155, die Zahl der Dampfmaschinen belief sich auf 3.470 in 2.580 Betrieben.

In 37 Betrieben arbeiten 38 Gaskraftwerke und in 24 Betrieben gab es je eine Heißluftmaschine.

Zum Handel

Leipzig war nach Hamburg die bedeutendste Handelsstadt im wilhelminischen Kaiserreich. In einigen Zweigen, wie im Buch- und Musikalienhandel, im Handel mit Rauchwaren und Borsten nahm es sogar die erste Stelle im Welthandel ein. Im Handel mit Spiritus, Leder und Manufakturwaren wurde Leipzig jedoch von Berlin übertroffen.

Die Messen in Leipzig:
Die drei Leipziger Messen *[Neujahr, Ostern, Michaelis]*, von denen die Ostermesse die größte war, waren die bedeutendsten in Westeuropa.

Leipzig. An der Thomaskirche

Zu den Banken, Sparkassen und Versicherungen in Sachsen:
Die wichtigsten Banken in Sachsen waren die Sächsische Bank
[Leipzig und Dresden], die Deutsche allgemeine Kreditanstalt in
Leipzig und die Leipziger Bank.

Das Sparkassenwesen war in Sachsen besonders entwickelt. Die Zahl
der Sparkassen belief sich im Jahre 1879 auf 174 *[680.494 Ein-
zahlungen]*. Das Gesamtvermögen der Kassen betrug 318 Millionen
Mark, das Guthaben sämtlicher Einlagen 305 Millionen Mark.

Wichtige Versicherungsanstalten waren in Leipzig die Leipziger
Feuerversicherungsanstalt, die Leipziger Lebensversicherungsanstalt,
die Teutonia und die Unfallversicherungsbank. In Dresden befanden
sich die Transportversicherungsgesellschaft und die Altersrenten-
bank.

Handels- und Gewerbekammern:
Solche gab es in Dresden, Leipzig, Chemnitz, Plauen und Zittau.

Hauptzollämter:
Hauptzollämter befanden sich in Zittau, Schandau, Pirna, Marienberg, Annaberg, Eibenstock, Löbau, Bautzen, Dresden, Meißen,
Freiberg, Chemnitz, Glauchau, Zwickau, Plauen, Leipzig und
schließlich Grimma.

Zum Verkehrswesen

Schiffahrt:
Schiffbar war in Sachsen nur die Elbe. 1878 passierten bei Schandau
zu Tal 4.281 Frachtschiffe mit 769.334 Tonnen und 1.140 Flöße mit
129.931 Tonnen, zu Berg 306 beladene Schiffe mit 26.701 Tonnen.

An Elbfahrzeugen gab es 1879 in Sachsen 22 Raddampfer, 1 Güter-
dampfer, 9 Schlepper, 13 Kettenschiffe, 1 Dampffähre und 377 Se-
gel- und Schleppschiffe mit zusammen 1.450.399 Zentnern Trag-
fähigkeit.

Das Rathaus in Plauen

Eisenbahnwesen:
Sachsen besaß für diese Zeit ein hochentwickeltes Eisenbahnnetz.

- 1.927 km Staatsbahnen
- 91 km Privatbahnen
- 20 km Privatkohlenbahnen

1878 wurden mehr als 19 Millionen Personen und 9.679.507 Tonnen Güter befördert.

Straßen:
Ende 1878 gab es in Sachsen 2.821.617 Meter Chausseen und 892.983 sonstige, vom Staat unterhaltene, Wege.

Zum Gerichtswesen:
Im Königreich Sachsen gab es ein Oberlandesgericht zu Dresden und 7 Landesgerichte:

1. **Bautzen** (mit den Amtsgerichten in Bautzen, Bischofswerda, Bernstadt, Ebersbach, Großschönau, Herrnhut, Kamenz, Königsbrück, Löbau, Neusalza, Neusatdt, Ostritz, Pulsnitz, Reichenau, Schirgiswalde, Sebnitz, Stolpen und Zittau)

2. **Chemnitz** (mit den Amtsgerichten in Annaberg, Augustusburg, Burgstädt, Chemnitz, Ehrenfriedersdorf, Frankenberg, Limbach, Mittweida, Oberwiesenthal, Penig, Rochlitz, Scheibenberg, Stollberg, Waldheim, Wolkenstein, Zschopau)

3. **Dresden** (mit den Amtsgerichten in Altenberg, Döhlen, Dresden, Großenhain, Königstein, Lauenstein, Lommatzsch, Meißen, Pirna, Radeberg, Radeburg, Riesa, Schandau, Wilsdruff)

4. **Freiberg** (mit den Amtsgerichten in Brand, Dippoldiswalde, Döbeln, Frauenstein, Freiberg, Hainichen, Lengefeld, Marienberg, Nossen, Oederan, Rosswein, Sayda, Tharandt, Zöblitz)

5. **Leipzig** (mit den Amtsgerichten in Borna, Frohburg, Geithain, Grimma, Kolditz, Leipzig, Leisnig, Markranstädt, Mügeln, Oschatz, Pegau, Strehlau, Taucha, Wurzen, Zwenkau)

6. **Plauen** (mit den Amtsgerichten in Adorf, Auerbach, Elsterberg, Falkenstein, Klingenthal, Lengenfeld, Markneukirchen, Oelsnitz, Pausa, Plauen, Reichenbach)

7. **Zwickau** (mit den Amtsgerichten in Eibenstock, Glauchau, Hartenstein, Hohenstein-Ernstthal, Johanngeorgenstadt, Kirchberg, Krimmitzschau, Lichtenstein, Lössnitz, Meerane, Schneeberg, Schwarzenberg, Waldenburg, Werdau, Wildenfels, Zwickau)

Zur militärischen Einteilung:

Das Königreich Sachsen bildete den Ersatz- und Garnisonsbezirk des XII. Armeekorps. Von diesem waren zum XV. Armeekorps abkommandiert Inf. 105 nach Straßburg und Fuß-Art. 12 nach Metz.

Bautzen. An der Wasserkunst

Die thüringischen Staaten

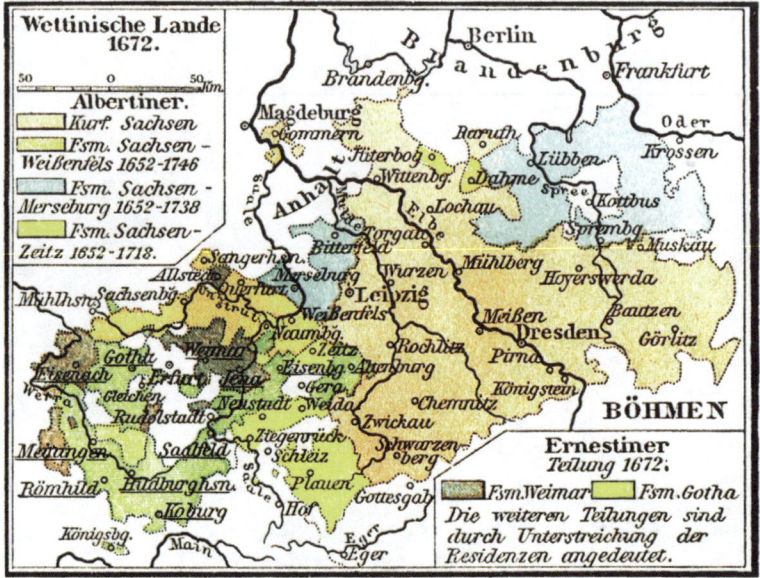

Überblick über die thüringischen Staaten im Jahr 1672

Beschreibung von Gesamt-Thüringen

Gesamt-Thüringen hatte eine Fläche von 12.300 km² und 1871 eine Einwohnerzahl von 1.099.386 Einwohnern.

Religion:

- evangelisch   1.047.841
- römisch-katholisch   13.041
- sonstige Christen   503
- Juden   3.309
- Sonstige Bekenntnisse   2.637

Bodennutzung 1878:

- Acker- und Gartenland   619.076 ha
- Wiesen und Weiden   150.431 ha
- Forsten   57.910 ha
- Haus- und Hofräume,
  Wege, Ödland usw.   57.910 ha

Viehbestand:

- Pferde 46.183
- Rinder 384.325
- Schafe 599.370
- Schweine 244.323
- Ziegen 136.437

Bergbau Produktion 1878:

- Steinkohle 8.200 t
- Braunkohle 612.600 t
- Eisenerz 11.400 t
- Kupfererz 100 t
- Schwefelkies 100 t
- sonst. Bergwerksprodukte 1.200 t
- Kochsalz 30.000 t
- Roheisen 14.800 t

Zur Verwaltung:
Für Thüringen gab es ein gemeinsames Oberlandesgericht in Jena.

Zur militärischen Einteilung:
Militärisch gehörten Altenburg, Schwarzburg und Reuß zum Ersatzbezirk des IV. Armeekorps, Weimar, Coburg-Gotha und Meiningen zum Ersatzbezirk des XI. Armeekorps.

Zur Geschichte der thüringischen Staaten

1310 erkannte König Heinrich VII. Friedrich I. *[den Freidigen]* als alleinigen Herrn aller wettinischen Länder an.

Friedrich II. *[der Ernsthafte]* (1323-1349) machte dann den mächtigen Bund thüringischer Grafen, Herren und Städte unschädlich und siegte schließlich auch im sogenannten Thüringischen Grafenkrieg.

Durch Heirat erwarb Friedrich III. *[der Strenge]* (1349-1381) die Grafschaft Henneberg. Mit Erlaubnis Kaiser Karls IV. schlossen die Wettiner 1373 eine Erbverbrüderung mit dem Landgrafen von Hessen.

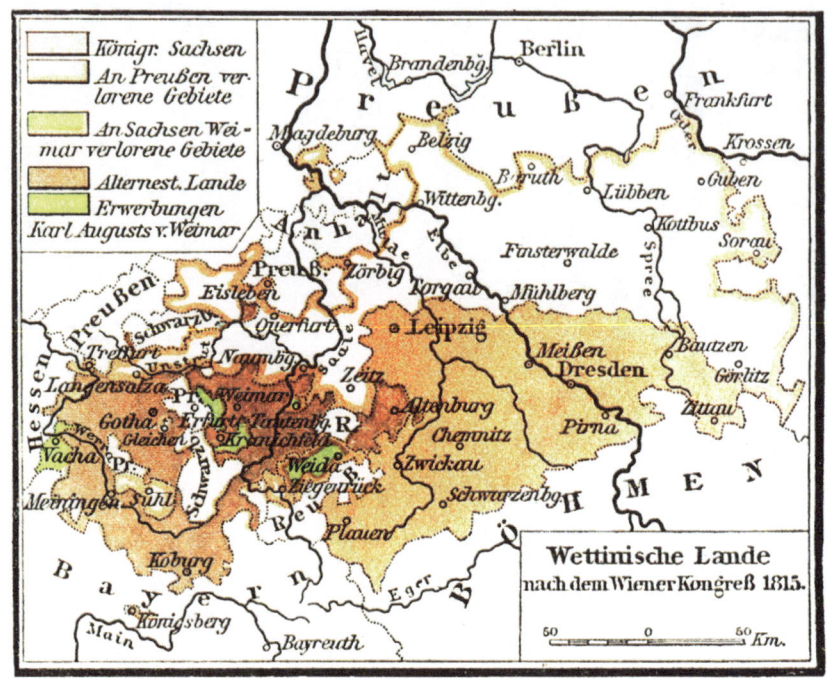

Die Thüringischen Staaten 1815

Unter den Söhnen Friedrichs III. wurden die wettinischen Lande wieder geteilt: Thüringen fiel dabei an Balthasar († 1406). Nach dem kinderlosen Ableben Friedrichs IV. fiel Thüringen an die kurfürstlich sächsische Linie aus dem Geschlecht Friedrichs des Streitbaren.

Kurfürst Friedrich II. und Herzog Wilhelm III. erbten das Gebiet gemeinsam, ab 1445 war Wilhelm III. im alleinigen Besitz von Thüringen. Nach Wilhelms Tod *[1482]* fiel Thüringen an Friedrichs II. Söhne Ernst und Albrecht. 1485 wurde Thüringen dann endgültig geteilt.

Danach verschmolz Thüringen mit den übrigen Ländern der Ernestinischen Linie, der thüringische Kreis, d. h. der der Albertinischen Linie zugefallene Teil, aber mit Kursachsen.

Jena. Rathaus am Marktplatz

Das Großherzogtum Sachsen-Weimar

Zur Geschichte von Sachsen-Weimar

1485 fiel Weimar der ernesti-nischen Linie zu. 1547 wurde die Stadt Hauptstadt der ernesti-nischen Lande. 1564 verlegte Johann Friedrich der Mittlere die Residenz nach Gotha. Bei der Tei-lung des Landes von 1572 erhielt Johann Wilhelm *[† 1573]* Wie-mar und wurde der Begründer der älteren weimarischen Linie. Nach erneuter Teilung 1603 wurde dann Johann *[† 1605]* Gründer der jüngeren weimarischen Linie.

Nach noch weiteren zahllosen Teilungen wurde endlich 1719 die Primogenitur eingeführt und Ernst August I. wurde 1728 schließlich alleiniger Herzog.

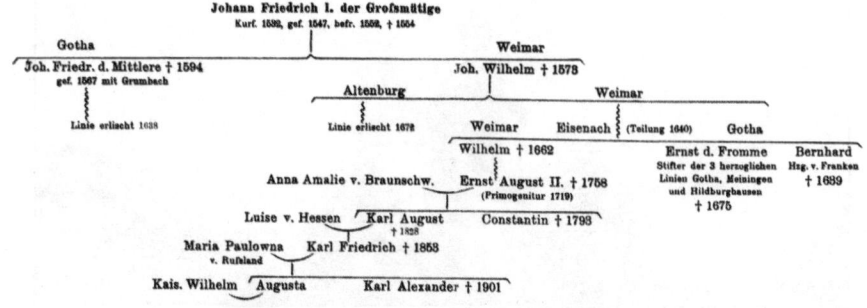

Die Herrscherfamilie von Sachsen-Gotha

Auf dem Wiener Kongress wurde Sachsen-Weimar Großherzogtum. 1816 verlieh Karl August seinem Land eine konstitutionelle Verfassung. Nach 1866 trat Karl Alexander (1853-1901) in den Norddeutschen Bund ein und schloss 1867 mit Preußen eine Militärkonvention ab. 1871 wurde das Großherzogtum Mitglied des Deutschen Reiches. 1901 folgte auf Karl Alexander sein Enkel Wilhelm Ernst.

Beschreibung des Großherzogtums

Großherzog Karl Alexander

Zur Verwaltung des Landes

Das Großherzogtum Sachsen-Weimar mit der Hauptstadt Weimar bestand aus drei getrennten Landesteilen *[Kreisen]* und zerfiel in fünf Verwaltungsbezirke:

- Der weimarische Kreis in Weimar und Apolda
- Der Eisenacher Kreis in Eisenach und Dermbach
- Der Neustadter Kreis

Landgerichte:

- Landgericht **Weimar** (mit den Amtsgerichten Buttstädt, Allstedt, Apolda, Blankenhain, Großendestedt, Jena, Vieselbach, Weimar.

- Landgericht **Eisenach** (mit den Amtsgerichten Eisenach, Geisa, Gerstungen, Ilmenau, Kaltennordheim, Lengsfeld, Ostheim, Vacha.
- **Zum preußischen Landgericht Gera** gehörten die Amtsgerichte des Neustadter Kreises (in Auma, Neustadt, Weida).

Die Hauptstadt des Großherzogtums

Die Stadt **Weimar** war die Haupt- und Residenzstadt des Großherzogtums Sachsen-Weimar. Das bemerkenswerteste Gebäude war das großherzogliche Residenzschloss. Die Zahl der Einwohner betrug 1905 mit der Garnison 31.117. Berühmt bis heute ist die großherzogliche Bibliothek.

Wappen der Stadt Weimar

Zur Industrie

Die Industrie war im Großherzogtum Sachsen-Weimar hoch entwickelt. Von Bedeutung war die Kurzwaren- und Textilindustrie des Landes und die Strumpfwirkerei in Apolda, die Pfeifenproduktion und Meerschaumschnitzerei in Ruhla und Umgebung.

Die Stadt Weimar

Das Herzogtum Sachsen-Altenburg

Zur Geschichte des Herzogtums

Als 1701 die Linie Eisenach ausstarb, fielen dessen Lande *[Kamburg, Eisenberg, Rinneburg und Roda]* an Gotha und bildeten nun mit diesem das Herzogtum Gotha-Altenburg. Als das regierende Haus 1825 erlosch, erhielt nach Erbteilung Herzog Friedrich von Hildburghausen das Fürstentum Altenburg *[ohne Camberg und einigen kleineren Dörfern]* und begründete damit die neue Linie Sachsen-Altenburg.

1831 erhielt das Land eine ständische Verfassung. 1862 schloss Herzog Ernst mit Preußen eine Militärkonvention ab, 1866 erklärte er sich für Preußen und trat dem Norddeutschen Bund bei und 1871 auch dem Deutschen Reich.

Wappen des Herzogtums Sachsen-Altenburg

Ernst, Herzog von Sachsen Altenburg

Beschreibung des Herzogtums

Zur Verwaltung des Landes

Das Herzogtum Sachsen-Altenburg bestand aus zwei zusammenhängenden Teilen, dem östlichen oder altenburgischen und dem westlichen oder saaleisenbergischen Kreis. Jeder der beiden Kreise war einem Kreishauptmann unterstellt.

Zum Ostkreis gehörten die Enklaven Hayn, Loitzsch, Russdorf und Neukirch; zum Westkreis Wilschütz, Ammelstadt, Gräfendorf, Saalthal und Schweinitz.

Das Landgericht:
Das Land bildete den Bezirk des Landgerichts Altenburg mit den Amtsgerichten in Altenburg, Eisenberg, Kahla, Roda, Ronneburg und Schmölln.

Zu Industrie und Landwirtschaft:
Der Ostkreis gehörte zu den fruchtbarsten Gegenden in Deutschland. Der Westkreis wurde auch als „das Holzland" bezeichnet. Im Herzogtum wurde Braunkohle abgebaut, auch gab es Eisen- und Textilindustrie. Von einiger Bedeutung war die Handschuhfabrikation in Altenburg.

Die Hauptstadt des Herzogtums

Die Haupt- und Residenzstadt des Herzogtums Sachsen-Altenburg war die Stadt **Altenburg**, unweit der Pleiße gelegen. Das durch den „sächsischen Prinzenraub" bekannte Schloss wurde 1868 erneuert. Die Stadt hatte um 1900 37.110 Einwohner.

Altenburg. Schloss und oben das Wappen der Stadt

Das Herzogtum Sachsen-Coburg-Gotha

Zur Geschichte des Herzogtums

Franz Josias *[1745-1764]* führte 1746 die Primogenitur in seinen Landen ein. Er und sein Sohn Ernst Friedrich *[1764-1800]* verschuldeten ihr Land durch kostspielige Erbschaftsprozesse in ungeheuerem Ausmaß. Schließlich berief Herzog Franz *[1800-1806]* den preußischen Kammerdirektor v. Kretschmann in seine Dienste, der die Finanzen mit aller Gewalt wieder in Ordnung bringen wollte. 1806 kam es daraufhin im Land zu einem Aufstand, der nur mit Hilfe kursächsischer Truppen niedergeschlagen werden konnte.

Wappen des Herzogtums Sachsen-Coburg-Gotha

Sein Sohn Ernst I., der zuerst im preussischen Heer gekämpft hatte, musste nach der Niederlage Preußens dem Rheinbund beitreten. 1813 wechselte er auf die Seite der gegen Napoleon verbündeten Staaten. 1821 gab er seinem Land eine liberale Verfassung. Im Teilungsvertrag von 1826 trat er das Fürstentum Saalfeld und Themar an Meiningen ab. Er erhielt dafür das erledigte Herzogtum Sachsen-Gotha und die Ämter Königsberg und Sonnefeld. Seitdem hieß das Herzogtum **Sachsen-Coburg-Gotha**.

1862 schloss das Land mit Preußen eine Militärkonvention ab, 1866 kämpften seine Truppen auf preußischer Seite. Sachsen-Coburg-Gotha trat danach dem Norddeutschen Bund bei, 1871 dann dem Deutschen Reich.

Als Herzog Ernst II. 1893 kinderlos starb, folgte ihm der zweite Sohn seines Bruders Alfred. Nachdem des Herzogs einziger Sohn schon vor dem Vater gestorben war, wurde der Landesvertretung die Mitwirkung bei allen künftigen Veränderungen in der Erbfolge zugesagt. Als Alfred im Jahr 1900 starb, folgte ihm Karl Eduard.

Beschreibung des Herzogtums

Zur Verwaltung des Landes

Das Herzogtum Sachsen-Coburg-Gotha bestand aus zwei selbständigen, unierten Staaten, dem Herzogtum Coburg und dem Herzogtum Gotha. Jedes dieser Herzogtümer bestand aus einem geschlossenen Hauptbezirk und mehreren Enklaven.

Zu Gotha gehörten Neuroda, Nazza, Trasdorf, Volkenroda und Werningshausen, zu Coburg das Amt Königsberg.

Alfred, Herzog von Sachsen-Coburg-Gotha

Beide Herzogtümer hatten ein gemeinsames Staatsministerium. Für Gotha und Coburg gab es darin aber gesonderte Abteilungen.

Residenzen des Herzogtums

Hauptstadt des Herzogtums Sachsen-Gotha war die Stadt Gotha *[um 1900 34.651 Einwohner]*. Hauptstadt des Herzogtums Coburg war die Stadt Coburg *[um 1900 20.460 Einwohner]*. Residenzstadt waren Gotha und Coburg abwechselnd.

Stadtwappen Gotha   *Stadtwappen Coburg*

Coburg gliederte sich in das Landratsamt Coburg, das Amt Königsberg und die Magistrate zu Coburg, Neustadt und Rodach.

Gotha gliederte sich in die Landratsämter Gotha, Ohrdruff und Waltershausen und in die entsprechenden Stadträte.

Das Residenzschloss zu Coburg

Gerichtswesen:
Coburg gehörte zum Landgericht Meiningen mit Amtsgerichten in Coburg, Königsberg, Neustadt, Rodach und Sonnefeld.

Gotha bildete einen besonderen Landgerichtsbezirk mit Gotha als Sitz und 8 Amtsgerichten (in Gotha, Liebenstein, Ohrdruff, Tenneberg, Thal, Tonna *[Gräfentonna]*, Wangenheim *[Friedrichswerth]* und Zella.

Zur Wirtschaft:
Bedeutend waren in Gotha die Buchhandlung von Perthes, wichtig auch die Versicherungsbanken. Außerdem: Porzellan- und Steingutproduktion, Gewehrfabrikation, Kurzwaren.

Das Herzogtum Sachsen-Meiningen

Georg II., Herzog von Sachsen-Meiningen

Wappen des Herzogtums Sachsen-Meiningen

Zur Geschichte des Herzogtums

Die Entstehung des Herzogtums Sachsen-Meiningen geht auf den Rezess zurück, den Bernhard *[3. Sohn Herzogs Ernst des Frommen]* im Jahr 1681 mit seinem Bruder Herzog Friedrich von Gotha abschloss.

Danach erhielt Bernhard die hennebergischen Ämter Meiningen, Walsungen, Sand und Frauenbreitungen sowie die thüringischen Ämter Salzungen und Altenstein *[und die auf Coburg ruhende Reichstagsstimme]*.

1706 folgten auf Bernhard dessen Söhne. Nachdem dann die Linien Coburg, Eisenberg und Römhild ausgestorben waren, erhielt Sachsen Meiningen zu 2/3 das Gebiet von Römhild, Neustadt, Sonneberg, Neuhaus und Schalkau.

Hildburghausen. Markt mit Rathaus

1803 führte Herzog Georg die Primogenitur ein. 1807 trat das Land dem Rheinbund bei, schloss sich 1813 den Gegnern Napoleons an und wurde 1815 auch Mitglied des Deutschen Bundes.

Als 1825 schließlich die Linie Sachsen-Gotha-Altenburg ausstarb, wurden Herzog Bernhard in einem Teilungsvertrag nur Hildburghausen, Saalfeld, Themar, Kranichfeld und Camburg zugestanden.

1866 stellte sich Sachsen-Meiningen auf die Seite Österreichs. Daraufhin besetzte Preußen Camberg und Meiningen, und Herzog Bernhard dankte ab. Sein Sohn, Herzog Georg, machte aber Frieden mit Preußen, trat dem Norddeutschen Bund bei und schloss mit Preußen 1867 eine Militärkonvention ab.

Beschreibung des Herzogtums

Zur Verwaltung
Das Herzogtum Sachsen-Meiningen mit der **Haupt- und Residenzstadt Meiningen** *[1900: 14.483 Einwohner]* bestand aus einem grösseren geschlossenen Landesteil und zahlreichen Enklaven, welche die Ämter Camburg und Kranichfeld bildeten.

Sachsen-Meiningen zerfiel in die Kreise Meiningen, Sonneberg, Hildburghausen und Saalfeld.

Zum Gerichtswesen:
Zusammen mit den preußischen Kreisen Schleussingen und Schmalkalden bildeten die meiningischen Kreise Meiningen, Hildburghausen und Sonneberg den Bezirk des Landgerichts Meiningen (mit den Amtsbezirken Eisfeld, Heldburg, Hildburghausen, Meiningen, Römhild, Salzungen, Schalkau, Sonneberg, Steinach, Themar und Wasungen). Der meiningische Kreis Saalfeld gehörte zum gemeinschaftlichen Landgericht Rudolstadt (mit den meiningischen Amtsgerichten Gräfenthal, Camburg, Kranichfeld, Pössneck und Saalfeld.

Zur Wirtschaft
Es gab Eisen-, Schiefer- und Steinkohlenbergbau. Salzungen und Oberneusalza besaßen Salinen, in Sonneberg Spiel- und Kurzwaren. Außerdem: Farben-, Stein-, Ton- und Glaswarenindustrie.

Das Fürstentum Schwarzburg-Sondershausen

Zur Geschichte des Fürstentums

Nachdem Günter XLI., ein Feldherr von Kaiser Maximilian II., 1583 kinderlos in Antwerpen gestorben war, teilten seine beiden Brüder die schwarzburgischen Lande unter sich auf *[1584]*.

Die Hauptlinie Schwarzburg-Arnstadt *[später dann Sondershausen]* wurde von Johann Günter gestiftet. Dieser erhielt durch die Teilung 2/3 der unteren Grafschaft mit den Ämtern Sondershausen, Ebeleben, Bodungen, Keula und Scherenberg sowie die Vogtei Hasleben und

Wappen des Fürstentums Schwarzburg-Sondershausen

die Städte Sondershausen, Greußen und Ehrich. Ferner erhielt er noch 1/3 der oberen Grafschaft mit der Herrschaft Arnstadt sowie den Ämtern Käfernburg und Gehren. 1631 wurde noch durch Kauf die untere Grafschaft Gleichen erworben.

Nach dem Tod von Christian Günter I. wurde das Territorium unter seine drei Söhne aufgeteilt. Diese gründeten die Linien Arnstadt, Ebeleben und Sondershausen. Doch nach dem Aussterben der Linien von Arnstadt und Ebeleben kamen die Besitzungen an Sondershausen.

Die Enkel Christian Günters teilen die Lande wieder und Christian Wilhelm und Anton Günter II. wurden nun Begründer der Linien Sondershausen und Arnstadt. 1697 bzw. 1710 wurden beide Grafen in den Reichsfürstenstand erhoben und ihr Land für ein unmittelbares Reichsfürstentum erklärt.

Karl Günter, Fürst von Schwarzburg-Sondershausen

1713 schlossen die beiden schwarzburgischen Hauptlinien einen Familienvertrag. Darin wurden die Primogenitur und das gegenseitige Erbfolgerecht festgelegt. Als Anton Günter II. von Arnstadt kinderlos starb, fielen seine Besitzungen an Christian Wilhelm von Sondershausen. Seitdem heißt nun diese Hauptlinie Schwarzburg-Sondershausen.

In der napoleonischen Zeit trat das Fürstentum dem Rheinbund bei, 1815 dann dem Deutschen Bund. 1866 war Schwarzburg-Sondershausen auf der Seite von Preußen, trat dem Norddeutschen Bund bei und übergab 1867 seine Militärhoheit an Preußen. Seit 1871 gehörte Schwarzburg-Sondershausen auch zum Deutschen Reich. Als Fürst Günter Friedrich Karl 1880 von der Regierung zurücktrat, folgte ihm Erbprinz Karl Günter.

Beschreibung des Fürstentums

Zur Verwaltung

Das Fürstentum Schwarzburg-Sondershausen zerfiel in eine Oberherrschaft (bestehend aus den Bezirken von Arnstadt und Gehren
sowie den Enklaven Rocksdorf und Geschwenda) und eine Unterherrschaft (mit den Bezirken Sondershausen und Ebeleben).

Die Hauptstadt des Fürstentums

Die Haupt- und Residenzstadt des
Fürstentums lag in der Unterherrschaft und war die Stadt Sondershausen an der Wipper am Fuß der
Hainleite. Das hochgelegene Residenzschloss der Fürsten war schon
von Weitem zu sehen.

1905 hatte die Stadt 7.383 Einwohner.

Landratsämter befanden sich in
Sondershausen, Ebeleben, Arnstadt und Gehren.

Stadtwappen Sondershausen

Sondershausen. Schloss

Zum Gerichtswesen:

Infolge des mit Preußen abgeschlossenen Staatsvertrages vom 7. Oktober 1878 fungierten als Oberlandesgericht das gemeinschaftliche Oberlandesgericht zu Naumburg und als Landgericht das gemeinschaftliche Landgericht zu Erfurt (mit den 5 Amtsgerichten des Fürstentums: Arnstadt, Ebeleben, Gehren, Greussen und Sondershausen).

Industrie:

Textilwaren, Steingut- und Porzellanindustrie.

Arnstadt. „Die Galerie"

Die thüringischen Staaten um 1789

Das Fürstentum Schwarzburg-Rudolstadt

Zur Geschichte des Fürstentums

Die Hauptlinie Schwarzburg-Rudolstadt wurde von Albrecht VII. gegründet. In der Teilung von 1584 fielen an Schwarzburg-Rudolstadt die Ämter Rudolstadt, Blankenburg, Schwarzburg, Paulinzelle, Leutenberg, Ehrenstein, Ilm, Könitz und die Vogtei Seeberg von der oberen Grafschaft, die Ämter Frankenhausen, Arnsburg, Straußberg, Kelbra, Heringen und Schlotheim von der unteren Grafschaft.

Albrecht Anton II. wurde 1697 Reichsfürst *[Annahme des Titels aber erst 1710]*. In der napoleonischen Zeit trat das Fürstentum dem Rheinbund bei, Friedrich Günter schließlich wurde Mitglied des Deutschen Bundes. 1816 verlieh der Fürst seinem Land eine Verfassung, eine neue Verfassung, die im Wesentlichen bis 1918 in Geltung war, trat 1854 in Kraft. 1866 war das Fürstentum auf der Seite der Preußen und trat im gleichen Jahr auch dem Norddeutschen Bund bei.

Am 1. Oktober 1867 wurden die schwarzburg-rudolstädtischen Truppen mit denen von Reuß und Altenburg zum 7. thüringischen Infanterieregiment Nr. 96 vereinigt. 1871 trat das Fürstentum dem Deutschen Reich bei. Seit 1890 regierte hier dann Fürst Günter. Da er keine leiblichen Nachkommen hatte, wurde zum Thronfolger Prinz Sizzo von Leuchtenberg bestimmt.

Günter, Fürst von
Schwarzburg-Rudolstadt

Beschreibung des Fürstentums

Zur Verwaltung:

Das Fürstentum Schwarzburg-Rudolstadt zerfiel in eine Oberherrschaft (bestehend aus den Bezirken von Rudolstadt und Leutenberg sowie den Parzellen Angelrode, Eisleben, Oesteröde, Heberndorf und Weissbach) und eine Unterherrschaft (bestehend aus den der Stätten Frankenhausen, Straussberg, Schlotheim und den Landratsämtern in Königssee und Frankenhausen).

Die Hauptstadt des Landes

Die Stadt **Rudolstadt** war Haupt- und Residenzstadt des Fürstentum Schwarzburg-Rudolstadt *[1905 12.494 Einwohner]*, gelegen, wo die Saale den Schaalbach und den Wüstenbach aufnimmt. Neben dem Residenzschloss *Heidecksburg* gibt es dort noch die Ludwigsburg.

Stadtwappen von Rudolstadt

Zum Gerichtswesen:
Außer meiningischen und preußischen Amtsgerichten gehörten zum Landgericht in Rudolstadt die 7 Amtsgerichte des Fürstentums: Frankenhausen, Königssee, Leutenberg, Oberweissbach, Rudolstadt, Schlotheim, Stadtilm.

Zur Industrie:
Eisen- und Porzellanindustrie.

Kelbra [mit Rotenburg und Kyffhäuser]

Das Fürstentum Reuß *[ältere Linie]*

Zur Geschichte des Fürstentums

Heinrich XI., der 1743-1800 regierte, wurde mit seinem gesamten Haus 1778 in den Reichsfürstenstand erhoben. So entstand das Fürstentum Reuß ältere Linie.

Auf Heinrich dem XI. folgte Heinrich XIII. *[1800-1817]*. Dieser trat 1807 dem Rheinbund, 1815 dem Deutschen Bund bei. Ihm folgte Heinrich XIX. *[1817-36]* und danach dessen Bruder Heinrich XX. *[1836-1859]*.

Diesem folgte der unmündige Heinrich XXII. auf den Thron, der bis 1867 unter der Vormundschaft seiner Mutter Karoline stand. Diese erklärte sich 1866 für Österreich und konnte erst nach einer Zahlung von 100.000 Talern Kriegsstrafe dem Norddeutschen Bund beitreten. 1867 ging die Militärhoheit des Fürstentums an Preußen über, 1871 wurde das Fürstentum Bundesstaat des Deutschen Reiches. Für den schwachsinnigen Heinrich XXIV. *[† 1878]* wurde eine Regentschaft eingerichtet.

Wappen der Fürstentümer Reuß

Beschreibung des Fürstentums Reuß *[ä. L.]*

Das Fürstentum Reuß ältere Linie mit der Hauptstadt Greiz zerfiel in die Ämter Greiz, Zeulenroda und Burgk.

Heinrich XXII., Fürst Reuß älterer Linie

Zum Gerichtswesen:
Das Fürstentum hatte ein Landgericht in Greiz (mit den Amtsgerichten in Burgk, Greiz und Zeulenroda).

Zur Industrie:
Bedeutende Wollwaren und Strumpffabrikation.

Die Hauptstadt des Landes

Die Stadt **Greiz** liegt an der weißen Elster. Hier hatten die Fürsten ihr Residenzschloss. 1900 hatte die Stadt 22.346 Einwohner.

Das Stadtwappen von Greiz

Das Fürstentum Reuß *[jüngere Linie]*

Zur Geschichte des Fürstentums

Die Geschichte des Fürstentums Reuß jüngere Linie begann eigentlich erst 1848, als der Lobensteiner Fürst Heinrich LXXII. der Regierung entsagte. Lobenstein fiel nun der Schleizer Linie zu, die nunmehr alle seit 1666 getrennten Besitzungen wieder vereinigen konnte.

Der erste Fürst des so vereinigten Landes war Heinrich LXII., der bereits seit 1818 in Schleiz regiert hatte *[† 1854]*. Ihm folgte sein Bruder Heinrich LXVII. *[1854-1867]*. Dieser blieb 1866 neutral, trat dann aber dem Norddeutschen Bund bei und schloss ein Jahr später eine Militärkonvention mit Preußen ab. Unter Heinrich XIV. wurde Reuß jüngerer Linie Bundesstaat des Deutschen Reiches. Ab 1902 war Heinrich XIV. auch Regent im Fürstentum Reuß älterer Linie.

Heinrich XIV., Fürst Reuß jüngerer Linie

Beschreibung des Fürstentums

Zur Verwaltung
Das Fürstentum Reuß jüngere Linie bestand aus den Gebieten von Gera und Schleitz-Lobenstein und einer zwischen Sachsen, Altenburg und Weimar gelegenen Enklave. Es zerfiel in die Landratsämter Gera und Ebersdorf.

Zum Gerichtswesen
Das Fürstentum Reuß jüngere Linie hatte gemeinschaftlich mit dem weimarschen Kreis Neustadt ein Landgericht zu Gera (und Amtsgerichte in Gera, Hirschberg, Hohenleuben, Lobenstein und Schleiz).

Industrie:
Von größerer Bedeutung war die Baum- und Schafwollenweberei und Färberei. **Anmerkung:** Die beiden reußischen Fürstentümer gehörten zu den industriereichsten Gebieten des Deutschen Reiches.

Gera war die Hauptstadt des Fürstentums und hatte um 1900 zusammen mit der Garnison 45.634 Einwohner.

Die fürstlichen Residenzen befanden sich auf Schloss Osterstein bei Gera und in Schleiz.

Stadtwappen von Gera

Waidaische Gasse in Gera

Die süddeutschen Staaten

Das Königreich Bayern

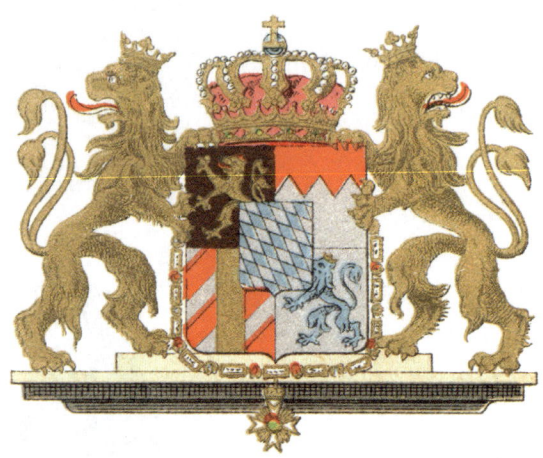

Wappen des Königreichs Bayern

Zur Geschichte des Königreiches

Im Jahr 1806 nahm der bayerische Kurfürst als Maximilian I. Joseph den Titel König von Bayern an. Er trat in den Rheinbund ein und verpflichtete sich Napoleon gegenüber, diesen in allen seinen Kriegen mit 30.000 Mann zu unterstützen. An Napoleons Russland-Feldzug nahm Bayern dann auch mit 30.000 Mann teil, schickte sogar noch einmal 10.000 Mann als Ersatz. Von diesen großen Truppenkontingenten kehrten allerdings nur unbedeutende Teile nach Bayern zurück.

Und auch für den Krieg in Sachsen 1813 stellte Bayern Napoleon erneut Truppen zur Verfügung. Nach dessen Niederlage knüpfte Bayern Kontakte zu Metternich, der Besitzstand und Souveränität des Königreiches zu wahren versprach.

1866 schloss Bayern sich dann den Österreichern an. Nach der Niederlage der Österreicher gegen Preußen legte der Friede vom 22. August den Bayern aber nur unerhebliche Opfer auf:

Das Königreich Bayern trat an Preußen die Enklave Kaulsdorf, das Bezirksamt Gersfeld und das Landgericht Orb ab *[und zahlte dazu 30 Millionen Gulden Kriegsentschädigung]*.

Wegen der Ansprüche Frankreichs auf Teile der Pfalz schloss es mit Preußen ein Schutz- und Trutzbündnis ab.

Luitpold, Prinzregent von Bayern

Nach dem Sieg im deutsch-französischen Krieg kam es dann am 23. November 1870 zu einem Vertrag zwischen Bayern und dem Norddeutschen Bund, worin Bayern ausgedehnte Reservatrechte zugestanden wurden. Auf Anregung der übrigen Fürsten trug König Ludwig II. dem König von Preußen als Oberhaupt des neuen Bundes die Kaiserkrone an. Im bayerischen Abgeordnetenhaus erhielt dieser Vertrag schließlich eine Mehrheit von 102:48 Stimmen und das Königreich Bayern war ein Glied des Deutschen Reiches. 1886 wurde der bayerische König für geistesgestört erklärt und Prinz Luitpold, Bruder Maximilians II., wurde Regent in Bayern.

Zur Beschreibung des Königreiches

Das Königreich Bayern bestand aus zwei zusammenhängenden Landesgebieten:

- Dem rechtsrheinischen Bayern mit 7 Regierungsbezirken
- Dem linksrheinischen Bayern mit einem Regierungsbezirk Pfalz.

Seit 1837 hatte sich die administrative Verwaltung von Bayern nicht mehr verändert.

Einteilung des Königreichs Bayern:

Reg.-Bez.	Unmittelbare Städte	Bezirks-Aemter	☐ Kilom.	Einw. 1875	Einw. auf 1 ☐ Kilom.	Gewerbtreibende auf 1000 Einw.
Oberbayern	6	25	17 046,53	894 160	52,45	148,1
Niederbayern	3	21	10 767,57	622 357	57,80	116,3
Oberpfalz	2	18	9 664,76	503 761	52,12	114,7
Schwaben	9	19	9 490,86	601 910	63,42	164,7
Zusammen	20	83	46 969,66	2 622 188	55,82	138,0
Oberfranken	3	19	6 999,15	554 935	79,29	152,1
Mittelfranken	9	17	7 559,23	607 084	80,31	165,4
Unterfranken	4	20	8 398,39	596 929	71,08	119,6
Zusammen	16	56	22 957,77	1 758 948	76,61	145,7
Pfalz	—	12	5 937,06	641 254	108,01	139,0
Königreich überh.	36	151	75 863,49	5 022 390	66,20	143,3

Stadtwappen von München

Die Hauptstadt des Königreiches

Die Stadt **München** war die Haupt- und Residenzstadt im Königreich Bayern und liegt an beiden Seiten der Isar. Sie war in 24 Bezirke eingeteilt von denen 19 links und 5 rechts der Isar lagen. Zehn Brücken, meist in den Jahren 1902-1905 neu in mächtigen Konstruktionen errichtet, verbanden die Stadtteile links und rechts der Isar. 1900 verfügte München über 499.932 Einwohner.

München. Marienplatz, Rathaus und Frauenkirche

Zum Gerichtswesen:
Das rechtsrheinische Bayern hatte 4 Oberlandesgerichte zu Augsburg, Bamberg, München und Nürnberg und 24 Landgerichte.

Zum Oberlandesgericht Augsburg gehörten die Landgerichte Augsburg, Eichstätt, Kempten, Memmingen und Neuburg.

Zum Oberlandesgericht Bamberg gehörten die Landgerichte Aschaffenburg, Bayreuth, Bamberg, Hof, Schweinfurt und Würzburg.

Zum Oberlandesgericht München gehörten die Landesgerichte Deggendorf, Landshut, München I und II, Passau, Straubing und Traunstein.

Zum Oberlandesgericht Nürnberg gehörten die Landgerichte Amberg, Ansbach, Fürth, Nürnberg, Regensburg und Weiden.

Nürnberg. Die Burggrafenburg

Die bayerische Pfalz hatte ein Oberlandesgericht zu Zweibrücken mit 4 Landgerichten: Frankenthal, Kaiserslautern, Zweibrücken und Landau

Zur Bevölkerungsentwicklung:

1818	1846	1864	1875
3.707.966	4.504.874	4.807.440	5.022.390

Anmerkung: Der Bevölkerungszuwachs war hauptsächlich in den Städten zu verzeichnen, wobei es in manchen ländlicheren Gegenden sogar zu einem Rückgang der Bevölkerung kam.

Verteilung der Bevölkerung auf Städte und Gemeinden:

1 Gemeinde mit mehr als	100 000 Einw. =	193 024 =	3,84 %
2 " "	50 000—100 000 " =	148 231 =	2,95 "
5 " "	20 000— 50 000 " =	153 458 =	3,06 "
44 " "	5 000— 20 000 " =	401 206 =	7,99 "
142 " "	2 000— 5 000 " =	410 078 =	8,16 "
?	mit unter 2 000 " =	3 716 393 =	74,00 "

Das Königreich Bayern

Zu den Religionszugehörigkeiten:

Religion 1871:	Ober- u. Niederbayern Schwaben u.Oberpfalz	Ober-, Mittel- u. Unterfranken	Pfalz	Königr. Bayern
Röm.-Kathol.	2 364 332	824 463	266 534	3 464 364
Evangelische	151 448	855 648	333 122	1 342 592
Andere Christen	1 448	1 112	2 892	5 453
Juden	8 734	29 448	12 466	50 662
Sonstige	168	190	21	379

Die Landwirtschaft: Bayerns hervorragendste Erwerbsquelle war die Landwirtschaft und deren Nebengewerbe: Gute Rindviehzucht, Käserei, Weinbau in der Pfalz und am Main.

123

Der Viehbestand 1873:

Pferde	261 221	55 582	34 064	353 316
Rinder	1 972 065	872 364	221 834	3 066 263
Schafe	820 374	487 859	33 957	1 342 190
Schweine	472 198	342 978	56 922	872 098
Ziegen	53 025	106 344	34 512	193 881

Zur Bodennutzung:

	Hektare	Hektare	Hektare	Hektare
Acker- u. Gartenland	1 772 002	1 047 060	274 837	3 093 899
Darunter Weinberge	347	10 283	12 892	23 522
„ Flachs	14 551	4 775	58	19 384
„ Hopfen	8 523	14 560	109	23 192
„ Tabak	—	792	3 341	4 133
Wiesen u. Weiden	1 100 441	325 707	55 638	1 481 786
Forstland	1 471 972	800 711	229 265	2 501 948
Haus- u. Hofräume, Wege	102 753	60 118	17 937	180 808
Oed- u. Unland, Gewässer	249 797	62 083	16 028	327 908

Bierproduktion:
Von großer Bedeutung war die Bierproduktion *[besonders München, Nürnberg, Kulmbach]*. Im Jahr 1878 erreichte die Bierproduktion in Bayern die Menge von 12.117 Hektolitern *[im gesamten Reichssteuergebiet: 20.371 Hektoliter]*. Neben Bier war auch Hopfen und Flachs ein wichtiges Exportgut.

Zur Industrie:
In der wilhelminischen Kaiserzeit war Bayern kein Industrieland, obwohl alle Industriebereiche im Land vertreten waren.

- Metallverarbeitung in Franken
- Maschinenbau in München
- Chemische Industrie in der Pfalz
- Papier und Leder in Südbayern und in der Pfalz
- Spielwaren *[Holzindustrie]* in Nürnberg
- Kurzwaren in Franken
- Bekleidungsindustrie in der Pfalz
- Polygraphische und Kunstgewerbe in München und Augsburg

Zu Handel und Verkehr:
München hatte einige Bedeutung für den Getreidehandel. Augsburg war Börsenplatz.

Handels- und Gewerbekammern:
Solche gab es in München für Oberbayern, in Passau für Niederbayern, in Ludwigshafen für die Pfalz, in Augsburg für Schwaben und Neuburg, in Nürnberg für Mittelfranken, in Bayreuth für Oberfranken, in Würzburg für Unterfranken und Aschaffenburg und in Regensburg für die Oberpfalz und Regensburg.

Schifffahrt:
In Lindau und Wasserburg am Bodensee gab es größeren Schiffsverkehr *[sowohl Güter als auch Personen]*.

Hafen von Lindau

Auf der Donau:
1878 kamen in Passau zu Tal 280 beladene Frachtschiffe mit 8.920 t Ladung, zu Berg 1.120 Schiffe mit 70.352 t Ladung.

Ludwigskanal:
Den Ludwigskanal passierten:

- Mainwärts 902 beladene Schiffe mit einer Ladung von 82.081 t und 146 leere Schiffe
- Donauwärts 362 beladene Schiffe mit 15.993 t und 706 leere Schiffe

Weiteren nennenswerten Schiffsverkehr gab es auch am Main bei Aschaffenburg.

Zum Post- und Telegraphen- und Eisenbahnwesen:
Im Post- und Telegraphenwesen hatte das Königreich Bayern selbständige vom Deutschen Reich unabhängige Verwaltungen, ebenso im Eisenbahnwesen.

Ergebnisse der Gewerbezählung vom 1. Dezember 1875:

	Bayern r. d. Rheins		Bayern l. d. Rheins (Pfalz.)	
	Zahl der Betriebe	Zahl der Personen	Zahl der Betriebe	Zahl der Personen
I. Kunst- und Handelsgärtnerei .	2 945	4 391	147	219
II. Fischerei	1 204	1 161	82	74
III. Bergbau-,Hütten- u.Salinenwesen	869	7 653	36	2 556
IV. Industrie der Steine und Erden	10 061	32 363	1 088	4 064
V. Metallverarbeitung	19 099	43 065	2 593	5 446
VI. Maschinen, Werkzeuge etc. .	10 105	28 434	1 361	4 178
VII. Chemische Industrie	1 823	6 543	157	1 810
VIII. Industrie derHeiz-u.Leuchtstoffe	1 779	3 299	214	507
IX. Textilindustrie	36 478	68 549	3 122	7 050
X. Papier und Leder	6 605	16 055	· 729	2 605
XI. Industr. d. Holz- u. Schnitzstoffe	35 108	53 886	4 693	8 091
XII. Nahrungs- und Genussmittel .	39 974	76 800	5 041	10 459
XIII. Bekleidung und Reinigung . .	78 261	108 860	13 995	19 575
XIV. Baugewerbe	35 782	59 315	4 754	8 072
XV. Polygraphische Gewerbe . .	984	4 734	90	423
XVI. Künstl. Betriebe f. gew. Zwecke	469	1 107	62	125
XVII. Handelsgewerbe	54 361	58 643	8 934	9 361
XVIII. Verkehrsgewerbe	5 386	8 430	1 224	1 275
XIX. Beherbergung und Erquickung .	27 974	35 006	3 926	3 267
	369 267	618 294	52 248	89 157
Auf je 10000 Einwohner kommen:	842,8	1411,2	814,8	1930,3

Zum Militärwesen:
Das bayerische Heer bildete einen in sich geschlossenen Bestandteil des deutschen Reichsheeres mit selbständiger Verwaltung *[u.a. Kriegsministerium, Kriegsakademie]* unter der Militärhoheit des

Königs von Bayern, jedoch im Krieg unter dem Oberbefehl des Kaisers. Die Organisation stimmte aber mit dem Reichsheer überein.

Bayern hatte 2 Armeekorps *[München und Würzburg]* zu je 2 Divisionen *[München und Augsburg – Nürnberg und Würzburg].* Die aktiven und Landwehrtruppen hatten Regimentsnummern außer der Reihe der deutschen Armee.

Ein Teil des 2. bayr. Armeekorps (4. u. 8. Inf.-Reg., 5. Chevauleger-Reg. und 1. Bat. des 2. Fuß-Art.-Regts.) waren in Lothringen garnisoniert.

Festungen:
Ingolstadt, Neu-Ulm, Germersheim.

Das Königreich Württemberg

Wappen des Königreichs Württemberg

Zur Geschichte des Königreichs

Friedrich II. war ein eifriger Parteigänger Napoleons. Für seine massive Unterstützung machte ihn schließlich 1806 Napoleon zum König.

Nachdem Württemberg 1806 auch dem Rheinbund beigetreten war, erhielt es durch Mediatisierung zahlreiche Gebiete fürstlicher und gräflicher Häuser, durch den Wiener Frieden *[1809]* auch Ulm und Mergentheim.

- **1802** hatte Württemberg nur 650.000 Einwohner, 1809 bereits 1.400.000 Einwohner.

Für diese Gebietszuwächse musste Württemberg Truppen für alle napoleonischen Kriege stellen: 1806 gegen Preußen, 1809 gegen Österreich, 1812 gegen Russland und 1813 gegen die gegen Napoleon verbündeten Truppen. Nach der Schlacht bei Leipzig gingen die württembergischen Truppen zu den Verbündeten über, und Metternich garantierte den Besitzstand und die Souveränität des Landes.

Wilhelm II., König von Württemberg

1815 trat Württemberg dem Deutschen Bund bei. 1866 kämpfte Württemberg aber auf der Seite Österreichs. Nach schweren Verlusten schloss das Königreich schließlich einen Waffenstillstand. Im Frieden vom 13. August wurde für Württemberg die Zahlung einer Kriegsentschädigung von 8 Millionen Gulden festgelegt. Gleichzeitig schloss das Königreich aber mit Preussen ein geheimes Schutz- und Trutzbündnis ab.

Nach dem Sieg über Frankreich kam es noch in Versailles zu Verhandlungen über den Eintritt Württembergs in das neue Deutsche Reich.

Württemberg trat dem Deutschen Reich bei, behielt aber – wie Bayern – eine Reihe von Reservatprivilegien.

Als König Karl I. *[1864-1891]* starb, folgte ihm sein Neffe als Wilhelm II. auf den Thron.

Beschreibung des Königreichs

Das Königreich Württemberg wurde seit 1817 in vier Kreise sowie 66 Oberämter *[darunter die Stadtämter Stuttgart, Heilbronn und Ulm]* eingeteilt.

Die Kreise des Königreichs Württemberg:

Kreise.	Oberämter	☐Kilom.	Einw. 1875:	Einw. auf 1 ☐Kilom.	Gewerbtreibende auf 1000 Einw.
Neckarkreis	18	3 326,80	587 834	176,6	160,4
Schwarzwaldkreis	17	4 773,21	454 937	95,3	155,2
Jagstkreis	14	5 138,92	390 703	76,0	130,8
Donaukreis	17	6 264,87	448 031	71,3	160,5
Königreich:	66	19 503,80	1 881 505	96,5	153,0

Zum Gerichtswesen

Das Königreich Württemberg hatte ein Oberlandesgericht zu Stuttgart und 8 Landgerichte:

1. Ellwangen
2. Hall
3. Heilbronn
4. Ravensburg
5. Rottweil
6. Stuttgart
7. Tübingen
8. Ulm

Die Hauptstadt des Landes

Die Stadt Stuttgart war Haupt- und Residenzstadt des Königreichs. 1905 hatte sie 249.286 Einwohner *[dagegen 1805 nur 20.000].*

Eine zweite Residenz gab es bei Ludwigsburg *[Einwohner der Stadt 1900: 19.436].*

Das königliche Schloss ist ein umfangreicher Prachtbau mit schönem Park.

Stadtwappen von Stuttgart

Zur Bevölkerungsentwicklung des Königreiches

1816	1840	1864	1875
1.410.684	1.646.138	1.748.328	1.881.505

Die Zunahme der Bevölkerung war hauptsächlich in den Gegenden bei Stuttgart und Heilbronn zu verzeichnen, im Gebiet von Rottweil und Reutlingen dagegen kam es zur Abnahme der Bevölkerung.

Hohe Geburtenziffern standen einer mittleren Sterblichkeit gegenüber. Die höchste Bevölkerungsdichte gab es den Neckar entlang.

Zur Aufteilung der Bevölkerung:

1 Gemeinde über 100 000 Einw.	=	107 273 =	5,70 %
— „ von 50 000—100 000 Einw. =	—	=	— „
2 „ „ 20 000— 50 000 „ =	51 430 =	2,73 „
23 „ „ 5 000— 20 000 „ =	198 090 =	10,53 „
97 „ „ 2 000— 5 000 „ =	276 501 =	14,70 „
? „ unter 2 000 „ =	1 248 211 =	66,34 „

Zur Religion 1871:

* evangelisch   1.248.860
* römisch-katholisch   553.542
* sonstige Christen   3.857
* Juden   12.245
* sonstige   35

Zur Bildung:
Im Königreich Württemberg gab es die wenigsten Analphabeten des Deutschen Kaiserreichs.

Die Landwirtschaft

Das Königreich Württemberg zählte auf landwirtschaftlichem Gebiet zu den besten im Deutschen Reich. Besonders: Obstbau und Weinbau.

Ulm. Münster und Metzgerturm

Bodennutzung 1878:

- Acker- und Gartenland   903.337 ha
  [darunter 23.366 ha Weinberge]
- Wiesen und Weiden   352.530 ha
- Forsten   599.515 ha
- Haus- und Hofräume   55.678 ha
- Ödland usw.   37.386 ha

Viehbestand 1873:

- Pferde   96.970
- Rinder   946.228
- Schafe   577.290
- Schweine   267.350
- Ziegen   38.305

Zur Wirtschaft und Industrie

Bergbau:

- Eisenerz   19.100 t
- Schwefelkies   100 t
- Steinsalz   75.700 t
- Kochsalz   26.400 t
- Roheisen   11.400 t

Industrie:

- Große Zementfabrikation in Ulm und Blaubeuren
- Chemische Industrie und Farbwaren in Stuttgart
- Uhrenfabrikation und Holzschnitzerei im Schwarzwald
- Leinenindustrie in Blaubeuren
- Baumwollindustrie, Strohflechterei, musikalische Instrumente, Lederindustrie

Handel:

Handelskammern gab es in Stuttgart, Heilbronn, Reutlingen, Ulm, Calw, Heidenheim, Ravensburg und Rottweil.

Zum Militär

Das Königreich Württemberg hatte ein eigenes Kriegsministerium *[jedoch unter dem Befehl eines preußischen kommandierenden Generals]*. Generalkommando: Stuttgart.
Divisionskommandos: *[Nr. 26 u. 27.]* Stuttgart und Ulm.

Infolge der Militärkonvention vom 25. November 1870 bildeten die Württembergischen Truppen das XIII. Armeekorps der deutschen Armee. Von diesem Armeekorps war im Elsaß das 8. Inf.-Regt. Nr. 126 garnisoniert.

Stuttgart

Ergebnisse der Gewerbezählung vom 1. Dezember 1875:

	Württemberg	
	Zahl der Betriebe:	Zahl der Personen:
Transport	19 827	51 565
VI. Maschinen, Werkzeuge etc.	5 804	17 305
VII. Chemische Industrie	512	1 542
VIII. Industrie der Heiz- und Leuchtstoffe .	949	2 153
IX. Textilindustrie	20 218	39 479
X. Papier und Leder	3 726	10 467
XI. Industrie der Holz- und Schnitzstoffe .	15 538	26 006
XII. Nahrungs- und Genussmittel	18 819	35 843
XIII. Bekleidung und Reinigung	34 683	50 150
XIV. Baugewerbe	17 132	26 582
XV. Polygraphische Gewerbe	443	2 521
XVI. Künstl. Betriebe für gewerbl. Zwecke .	200	467
XVII. Handelsgewerbe	18 307	22 348
XVIII. Verkehrsgewerbe	2 288	3 119
XIX. Beherbergung und Erquickung . . .	14 078	15 543
Total	166 720	287 985
Auf je 10 000 Einwohner kommen:	886,1	1530,6

Königreich Württemberg

Das Großherzogtum Baden

Wappen des Großherzogtums Baden

Zur Geschichte des Großherzogtums

Für den Beitritt zum Rheinbund erhielt der erst kürzlich durch Napoleons Gnaden zum Kurfürsten gemachte Karl Friedrich die Großherzogswürde. Dafür stellte Baden Truppen für Napoleons Kriege.

1806–1807 kämpfte das Kontingent Badens *[8.000 Mann]* gegen Preußen, 1808 eine Brigade in Spanien, 1809 gegen Österreich.

Auf Karl Friedrich folgte 1811 dessen Enkel Karl Ludwig Friedrich. Dieser stellte Truppen für Napoleons Russlandfeldzug und in Norddeutschland gegen die gegen Napoleon verbündeten Truppen. Erst nach der Schlacht bei Leipzig wechselte er schließlich die Seiten und erhielt dafür Besitz und Souveränität zugesichert. 1815 trat er dem Deutschen Bund bei. 1866 war Baden auf Österreichs Seite.

Nach dem verlorenen Krieg musste Baden eine Kriegskontribution von 6 Millionen Gulden zahlen. Mit Preußen kam es zu einem Schutz- und Trutzbündnis. Nach dem deutsch-französischen Krieg wurde Baden Bundesstaat des Deutschen Reiches.

**Friedrich I.,
Großherzog von Baden**

Friedrich I. regierte von 1852–1906. Ihm folgte sein Sohn Friedrich II., der bis 1918 den Thron innehatte.

Beschreibung des Großherzogtums

Das Großherzogtum Baden war eingeteilt in 11 Kreise und 57 Amtsbezirke *[darunter die Stadtamtsbezirke Karlsruhe, Mannheim, Pforzheim, Heidelberg und Freiburg]*.

Das Großherzogtum Baden hatte ein Oberlandesgericht zu Karlsruhe und 7 Landgerichte *[in Offenburg, Mosbach, Karlsruhe, Waldshut, Freiburg, Konstanz und Mannheim]*.

Einteilung von Baden:

Kreise der Landeskommissare	Kreise	Zahl der Amtsbezirke	□ Kilom.	Einw. 1875	Einwohner auf 1 □ Kilom.	Gewerbtreibende auf 1000 Einw.
Konstanz	1. Konstanz	6	1864,32	127 545	68,4	135,7
	2. Villingen	3	1066,46	68 399	64,1	180,8
	3. Waldshut	4	1238,04	80 508	65,0	176,2
Freiburg	4. Freiburg	8	2186,16	199 630	91,3	148,2
	5. Lörrach	4	960,27	91 489	96,3	190,4
	6. Offenburg	5	1593,26	150 374	94,3	145,9
Karlsruhe	7. Baden	4	1045,28	129 457	123,8	117,5
	8. Karlsruhe	8	1527,30	258 216	169,0	174,2
Mannheim	9. Mannheim	4	468,12	112 338	239,9	223,7
	10. Heidelberg	5	968,40	136 648	141,1	165,3
	11. Mosbach	6	2166,24	152 575	70,4	105,7
	Zusammen:	57	15 084,00	1 507 179	99,9	158,1

Zur Bevölkerungsentwicklung:

1816	1864	1875
1.005.899	1.432.456	1.507.179

Zur Verteilung der Bevölkerung 1875:

5 Gemeinden von	20 000 bis 50 000 Einw.	= 165 969 Einw.	= 11,01 %
11 „ „	5 000 „ 20 000 „	= 91 689 „	= 6,08 „
103 „ „	2 000 „ 5 000 „	= 272 611 „	= 18,09 „
? „	unter 2000 „	= 976 910 „	= 64,82 „

Religion:
- röm.-katholisch   958.916
- evangelisch   517.861
- andere Christen   3.842
- Juden   26.492
- sonstige   68

Beschäftigung 1871 *[Aufteilung auf Berufe]*:
- Bergbau, Hüttenwesen, Industrie, Bauwesen   494.651
- Handel und Verkehr   135.272
- Land- u. Forstwirtschaft/ pers. Dienste   717.007
- sonstige Berufsarten   114.632

Zur Landwirtschaft

Bodennutzung 1878:
- Ackerland   597.901 ha
- Garten *[Maximum in Deutschland]*   16.138 ha
- Weinland   21.715 ha
- Tabak *[Maximum in Deutschland]*   5.476 ha
- Wiesen und Weiden   222.694 ha
- Forstland   553.296 ha
- Haus- und Hofräume, Wege   39.109 ha
- Ödland und Gewässer   22.971 ha

Viehbestand 1877:
- Pferde   69.594
- Rinder   590.158
- Schafe   135.267
- Schweine   337.060
- Ziegen   81.123
- Bienenstöcke   76.056

Anmerkung:
Seit 1868 war eine allgemeine Abnahme des Viehbestandes zu verzeichnen.

Die Hauptstadt des Großherzogtums

Haupt- und Residenzstadt des Großherzogtums Baden war die Stadt **Karlsruhe**. Vierzehn Straßen gingen radienförmig vom Bleiturm des Schlosses aus und wurden von Osten nach Westen von der Kaiserstraße geschnitten. *[Im Jahr 1900 hatte Karlsruhe 97.185 Einwohner]*

Stadtwappen von Karlsruhe

Zu Handel, Verkehr und Industrie

Bergbau und Hüttenwesen war im Großherzogtum Baden unbedeutend.

Die **Industrie** hingegen war hoch entwickelt:
- Große Baumwollen- und Seidenindustrie im ganzen Land
- Lederindustrie in Bonndorf und Weinheim
- Bijouterie in Pforzheim
- Maschinenbau in Karlsruhe
- Uhrmacherei in Triberg

Erster Handelsplatz des Landes war Mannheim *[Hauptsächlich für Getreide und Tabak]* mit großen Hafen- und Lagerhauseinrichtungen.

Handelskammern befanden sich in Wertheim, Mosbach, Heidelberg, Mannheim, Karlsruhe, Bruchsal, Pforzheim, Baden, Rastatt, Bühl, Offenburg, Lahr, Freiburg und Emmendingen.

Die **Verkehrswege** sowohl zu Wasser als auch zu Lande waren gut ausgebaut. Eisenbahnstrecken 1879: 1.201 km.

Zum Militär im Großherzogtum Baden

Das Großherzoglich Badische Kontingent bildete seit der mit Preussen am 25. November 1870 abgeschlossenen und am 1. Juli 1871 in Kraft getretenen Militärkonvention zusammen mit zwei preußischen Infanterie-Regimentern *[Nr. 17 in Mülhausen und Neubreisach bzw. Nr. 22 in Rastatt]* und einem preußischen Kavallerie-Regiment *[Dragoner Nr. 14 in Kolmar]* das XIV. Armeekorps der deutschen Armee, zu dessen im Großherzogtum garnisonierenden Truppen der Großherzog im Verhältnis eines kommandierenden Generals stand.

Ein Teil des XIV. Armeekorps *[Infanterie 17. und 112. und Dragoner 14.]* stand in Elsaß-Lothringen.

Die Landwehr-Regimenter führten die Nummern 110-114. In Gerlachsheim LW. 110,1. **Festung: Rastatt. Befestigung bei Kehl.**

Karlsruhe. Schloss

139

Das Großherzogtum Baden

Ergebnisse der Gewerbezählung vom 1. Dez. 1875 in Baden:

	Baden	
	Zahl der Betriebe	Zahl der Personen
I. Kunst- und Handelsgärtnerei. . . .	527	833
II. Fischerei	628	554
III. Bergbau-, Hütten- und Salinenwesen .	38	742
IV. Industrie der Steine und Erden . . .	2 685	8 798
V. Metallverarbeitung	6 510	19 898
VI. Maschinen, Werkzeuge etc.	5 417	14 680
VII. Chemische Industrie	339	2 170
VIII. Industrie der Heiz- und Leuchtstoffe .	859	1 364
IX. Textilindustrie	8 877	27 686
X. Papier und Leder	2 015	7 962
XI. Industrie der Holz- und Schnitzstoffe .	11 727	20 764
XII. Nahrungs- und Genussmittel	10 284	33 463
XIII. Bekleidung und Reinigung	27 812	39 455
XIV. Baugewerbe	11 957	21 608
XV. Polygraphische Gewerbe	310	1 786
XVI. Künstl. Betriebe für gewerbl. Zwecke .	229	820
XVII. Handelsgewerbe	15 333	21 149
XVIII. Verkehrsgewerbe	2 043	3 243
XIX. Beherbergung und Erquickung . . .	8 350	11 434
	115 940	238 409
Auf je 10 000 Einwohner kommen	769,3	1581,8

Das Großherzogtum Hessen

Zur Geschichte des Großherzogtums

Unter Napoleon nahm der hessische Landgraf den Titel eines Großherzogs an: Großherzog Ludwig I. Dafür kämpften die hessischen
Truppen auf den verschiedensten Kriegsschauplätzen für Napoleon.

1813 wechselte er schließlich die Seiten. Auf dem Wiener Kongress
erhielt er geistliche und pfälzische Gebiete *[mit den Städten Mainz
und Worms]* auf dem linken Rheinufer zugesprochen. Seit dem
7. Juli 1816 war nun der offizielle Titel Großherzog von Hessen und
bei Rhein.

Auf Ludwig I. *[1806 bzw. 1816-1830]* folgten Ludwig II. *[1830-*

1848] und schließlich Ludwig III. *[1848-77].* Ludwig III. stimmte 1866 gegen Preußen. Nach der Niederlage Österreichs waren die Friedensbedingungen für Hessen recht milde: Zahlung von 3 Millionen Gulden und Abtretung einiger kleinerer Gebiete *[insgesamt 1.100 km²].* Außerdem trat Hessen *[für Oberhessen]* dem Norddeutschen Bund bei. 1867 kam es zu einem Schutz- und Trutzbündnis mit Preußen. 1870 trat der Großherzog mit dem gesamten hessischen Staat dem Deutschen Reich bei.

Auf Ludwig III. folgte seine Neffe Ludwig IV. *[1877-1892],* dem dessen Sohn Ernst Ludwig folgte.

Wappen des Großherzogtums Hessen

Die Beschreibung des Großherzogtums

Das Großherzogtum Hessen, mit der Hauptstadt Darmstadt, bestand aus den Provinzen Starkenburg (Darmstadt), Oberhessen (Gießen) und Rheinhessen (Mainz).

Anmerkung:
Stadtkreise waren Darmstadt, Offenbach und Mainz.

Zum Gerichtswesen:
Das Großherzogtum hatte ein Oberlandesgericht zu Darmstadt und für jede der drei Provinzen ein Landgericht (in Darmstadt, Gießen, und Mainz).

Zur Bevölkerung des Großherzogtums:

1819	1867	1875
643.821	822.244	884.218

Aufteilung der Bevölkerung (Ortsgrößen):

	Starkenburg.	Oberhessen.	Rheinhessen.	Hessen.
Fläche ☐ Kilom.	3 019,07	3 286,55	1 373,97	7 679,59
Einw. 1875	370 170	254 036	260 012	884 218
Einw. auf 1 ☐ Kilom.	122,6	77,2	189,2	115,1
Gewerbtreibende auf 1000 Einw.	155,5	134,4	159,1	151,9
Zahl der Kreise	9	6	6	21

1	Gemeinde von	50 000—100 000	Einw.	=	56 421	=	6,88 %
2	„ „	20 000— 50 000	„	=	62 904	=	7,11 „
8	„ „	5 000— 20 000	„	=	64 763	=	7,32 „
55	„ „	2 000— 5 000	„	=	157 599	=	17,83 „
?	„	unter 2 000	„	=	542 531	=	61,36 „

Religion 1871:

- evangelisch   584.391
- römisch-katholisch   239.088
- andere Christen   3.873
- Juden   25.373
- sonstige   169

Zur Landwirtschaft

Bodennutzung 1878:

- Acker- und Gartenland   391.779 ha
- Wiesen und Weiden   101.433 ha
- Forsten   239.989 ha
- Sonstiges   34.758 ha

Viehbestand 1873:

- Pferde   44.858
- Rinder   284.049
- Schafe   130.410
- Schweine 133.987
- Ziegen   78.670

Zur Wirtschaft

Hessen hatte einige Bedeutung durch seine chemische Industrie, Lederindustrie und Tabakindustrie. Der Handel in Darmstadt, Mainz und Worms war lebhaft.

Handelskammern gab es in Darmstadt, Mainz, Worms, Offenbach, Gießen und Bingen.

Bergbau 1878:
* Braunkohle   46.000 t
* Eisenerz   93.100 t
* Kochsalz   13.400 t
* Roheisen   18.300 t

Ernst Ludwig, Großherzog von Hessen und bei Rhein

Stadtwappen von Darmstadt

Darmstadt war die Haupt- und Residenzstadt des Großherzogtums Hessen. Die Stadt liegt zwischen Rhein und Main, am Übergang des Odenwaldes und der Bergstraße in die Ebene.

Alt- und Neustadt waren durch das großherzogliche Schloss und den Paradeplatz voneinander getrennt. *[1900: 72.381 Einwohner]*

Zum Militär

Militärisch war Hessen-Darmstadt selbständig und war Ersatz- und Garnisonsbezirk der, außer Korpsverband befindlichen, Großherzoglich-Hessischen Division Nr. 25 (1. u. 2. Brigade Nr. 49 u. 50). Die Brigadenummern waren zwischen Sachsen und Baden, die Infanterie-, Regiments- und Landwehr-Nummern zwischen Baden und Württemberg. **Die Festung Mainz hatte z.T. preußische Besatzung.**

Die Gewerbezählung vom 1. Dezember 1875:

	Rheinland		Westfalen		Hessen-Nassau		Hessen	
	Zahl der Betriebe	Zahl der Personen	Zahl der Betriebe	Zahl der Personen	Zahl der Betriebe	Zahl der Personen	Zahl der Betriebe	Zahl der Personen
I. Kunst- u. Handelsgärtnerei .	1 019	1 488	734	610	278	661	149	292
II. Fischerei	408	475	26	27	164	167	68	65
III. Bergbau-, Hütten- u. Salinenwesen	828	117 831	919	97 610	443	14 173	41	1 556
IV. Industrie der Steine u. Erden	4 087	24 405	1 792	9 305	2 008	8 495	1 394	4 715
V. Metallverarbeitung	23 688	58 632	10 234	35 083	7 944	17 543	3 969	8 266
VI. Maschinen, Werkzeuge etc. .	6 600	24 035	3 052	13 872	3 645	10 792	2 394	7 202
VII. Chemische Industrie	893	6 648	383	1 402	354	2 385	246	2 153
VIII. Industrie d. Heiz- u. Leuchtstoffe	1 235	4 705	616	1 483	979	1 889	317	1 190
IX. Textilindustrie	53 454	149 765	16 879	36 637	7 747	12 040	5 160	8 274
X. Papier u. Leder	5 169	19 146	2 171	6 522	2 371	6 893	1 640	7 600
XI. Industrie d. Holz- u.Schnitzstoffe	25 433	39 700	13 582	20 746	10 385	16 194	6 078	11 142
XII. Nahrungs- u. Genussmittel .	24 346	52 953	11 408	30 551	9 366	23 035	7 456	19 923
XIII. Bekleidung u. Reinigung . .	69 610	86 537	31 271	41 677	29 082	38 184	13 543	21 629
XIV. Baugewerbe	21 293	38 821	11 969	21 859	10 243	21 169	6 546	12 791
XV. Polygraphische Gewerbe . .	864	5 151	269	1 320	375	2 862	230	1 291
XVI. Künstl. Betriebe für gewerbl. Zwecke	738	1 185	149	247	202	462	152	412
XVII. Handelsgewerbe	54 168	61 957	20 406	22 805	19 259	29 248	16 090	17 593
XVIII. Verkehrsgewerbe	7 729	10 528	2 555	2 977	3 014	4 365	2 002	2 273
XIX. Beherbergung u. Erquickung .	24 429	19 017	10 594	7 740	7 724	8 907	5 515	6 016
	325 991	722 979	138 649	352 473	115 583	219 464	72 990	134 383
Auf je 10 000 Einwohner kommen:	856,9	1900,4	727,6	1849,6	787,4	1495,1	825,5	1519,8

Darmstadt. Marktplatz

Die zwei Teile des Großherzogtums Hessen (grün eingezeichnet)

Das Reichsland Elsaß-Lothringen

Wappen des Reichslandes Elsaß-Lothringen

Zur Geschichte von Elsaß-Lothringen

Das Reichsland Elsaß-Lothringen kam nach dem Deutsch-Französischen Krieg durch den Frankfurter Friedensvertrag an Deutschland und bestand aus den früheren französischen Departements des Oberrheins *[ohne die Gebiete von Belfort]*, der Meurthe und der Vogesen.

Zur Beschreibung von Elsaß-Lothringen

Das Gebiet umfasste 14.508 km² und hatte 1871 1.549.738 Einwohner.

Gliederung Elsaß-Lothringen:

	Oberelsass:	Unterelsass:	Lothringen:	Zusammen:
Fläche □Kilom. . . .	3 504,69	4 774,86	6 232,68	14 511,73
Angebaute Fläche □Kilom.	1 536,67	2 136,01	3 501,56	7 174,26
Weinland □Kilom. . .	121,53	144,07	61,45	327,05
Einwohner 1871: . .	458 873	600 406	490 459	1 549 738
Einwohner 1875: . .	453 374	598 180	480 250	1 531 804
Einwohner auf 1 □Kilom.	129,8	125,2	77,1	105,6
Gewerbtreibende auf je 1000 Einw. . . .	216,0	132,8	142,5	160,4

Elsaß-Lothringen zerfiel in drei Bezirke mit je 8 Kreisen *[darunter die Stadtkreise Straßburg, Kolmar, Mülhausen und Metz] und die Landkreise in je 4–5 Kantone* [zusammen 87 Kantone].

Ober-Elsaß hatte die Kreise Altkirch, Kolmar *[Stadt und Land]*, Gebweiler, Mülhausen *[Stadt und Land]*, Rappoltsweiler und Thann.

Unter-Elsaß hatte die Kreise Straßburg *[Stadt und Land]*, Erstein, Hagenau, Molsheim, Schlettstadt, Weissenburg und Zabern.

In **Lothringen** gab es die Kreise Metz *[Stadt und Land]*, Bolchen, Chateau-Salins, Diedenhofen, Forbach, Saarburg und Saargemünd.

Zum Gerichtswesen:
Elsaß-Lothringen hatte ein Oberlandesgericht zu Kolmar und sechs Landgerichte (in Mülhausen, Kolmar, Straßburg, Zabern, Saargemünd und Metz).

Die Bevölkerung

Aufteilung der Bevölkerung (Ortsgrößen):

2	Gemeinden von	50 000 bis	100 000 Einw.	= 152 769 Einw.	=	9,97 %
2	„	„ 20 000 „	50 000 „	= 69 846	„ =	4,56 „
18	„	„ 5 000 „	20 000 „	= 132 217	„ =	8,63 „
73	„	„ 2 000 „	5 000 „	= 212 948	„ =	13,91 „
?	„	„ unter 2000 Einw.		= 964 024	„ =	62,93 „

Die Hauptstadt des Reichslandes

Straßburg war die Hauptstadt des Reichslandes Elsaß-Lothringen. Sie war Festung ersten Ranges und hatte 1905 167.678 Einwohner.

Zur Religion 1871:
- römisch-katholisch   1.235.706
- evangelisch   270.251
- andere Christen   2.132
- Juden   40.918
- Sonstige   731

Wirtschaft und Verkehr

Landwirtschaft:

Waldwirtschaft, Landwirtschaft und Gärtnerei wurden intensiv be-trieben und waren sehr ertragreich. Der Weinanbau war umfang-reicher als in allen anderen deutschen Staaten *[1/4 der deutschen Weinanbaufläche entfiel auf Elsaß-Lothringen].* Im Tabakanbau stand es mit einer Fläche von 10.607 ha an dritter Stelle unter den deutschen Staaten. In Hüningen gab es eine bedeutende Fischzucht-anstalt.

Viehbestand 1873:

- Pferde   135.698
- Rinder   418.484
- Schafe   191.142
- Schweine   266.505
- Ziegen   56.579

Industrie:

Im Reichsland gab es eine hochentwickelte Industrie für Baumwolle *[2 Millionen Spindeln],* besonders im Elsaß (Mülhausen). In Schaf-wolle (Bischweiler und Bühl), Seide und Seidenband.

Außerdem gab es die Fabrikation von gemischten Geweben (Mar-kirch), Bleicherei, Färberei, Druckerei, Eisen- und Stahlerzeugung (Niederbronn), Maschinenbau (Mülhausen), Papier- und Lederin-dustrie.

Bergbau 1878:

- Steinkohle   408.400 t
- Braunkohle   5.400 t
- Eisenerz *[Max. im DR]* 822.400 t
- Schwefelkies   10.800 t
- Kochsalz   36.600 t
- Roheisen   242.500 t

Verkehr:

Die Eisenbahnen waren in Reichsverwaltung. Die Gesamtlänge der Strecken betrug 1878 1.268 km.

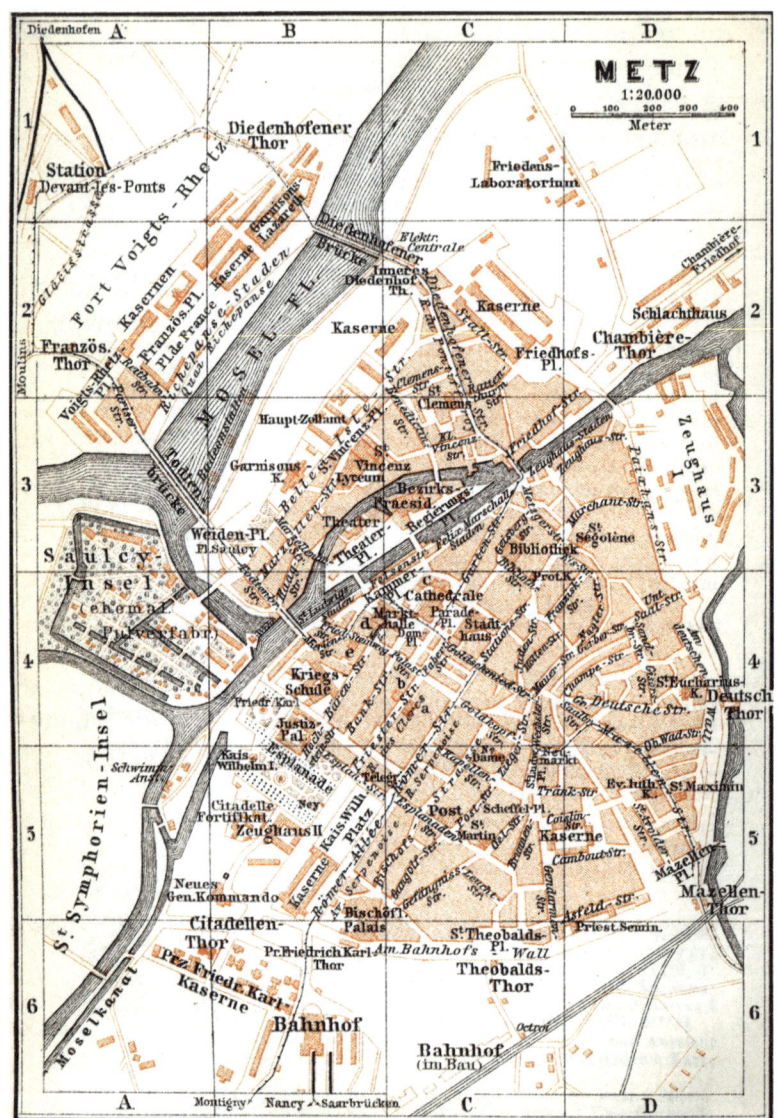

Stadtplan von Metz

Militär

In Elsaß-Lothringen garnisoniert waren das aus preußischen, bayerischen, sächsischen, württembergischen und braunschweigischen Truppen zusammengesetzte XV. Armeekorps sowie dazu Teile des XIV. Armeekorps (Baden). **Festungen:** Straßburg, Metz, Diedenhofen, Bitsch, Neu-Breisach.

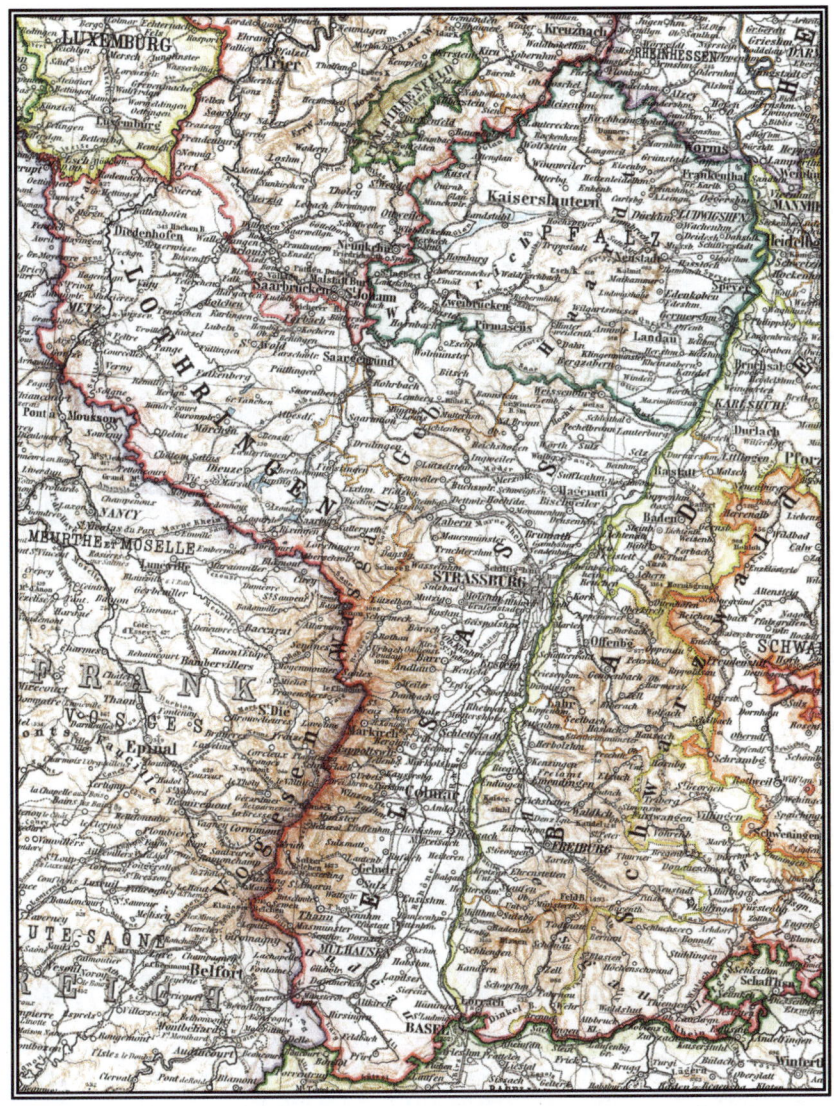

Das Reichsland Elsaß-Lothringen

Straßburg. Die gedeckten Brücken

Metz. Das Deutsche Tor

Das Deutsche Reich

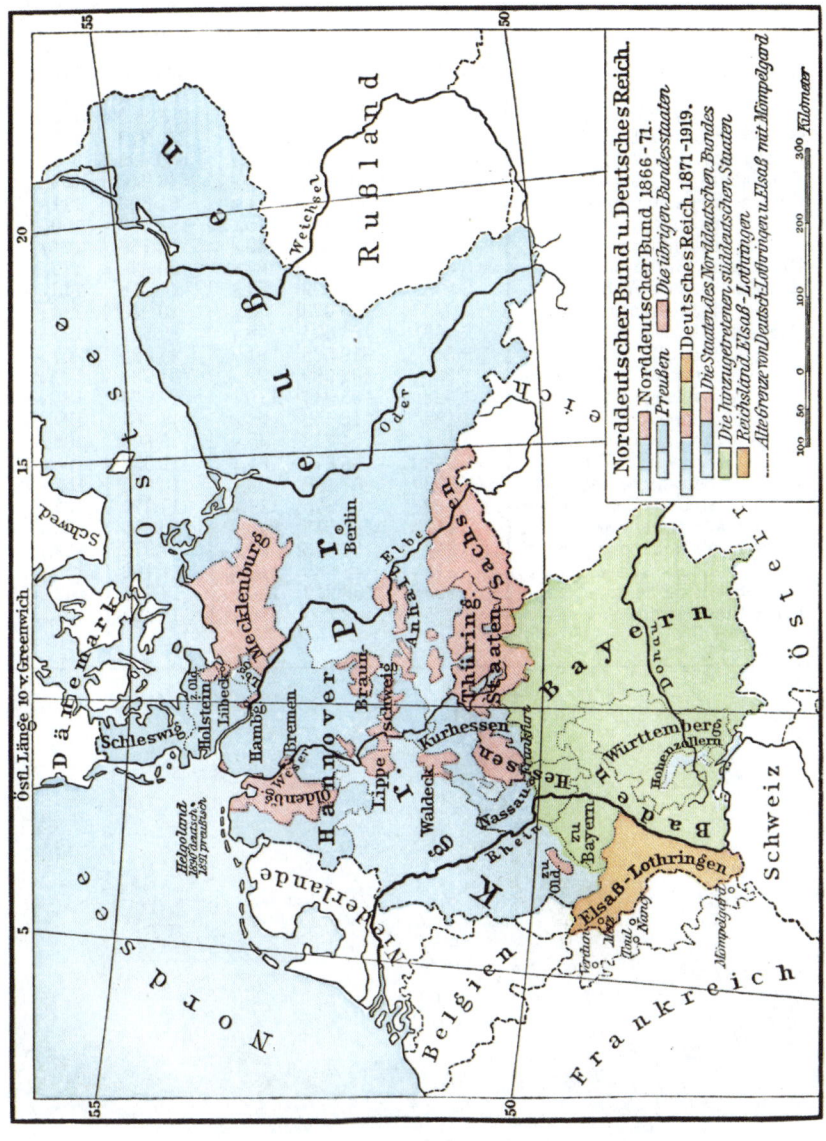

Die Staaten des Deutschen Reiches 1875:

Deutsche Staaten nach der Grösse geordnet	Flächeninhalt ☐ Kilom.	Einwohner 1875	Einw. auf 1 ☐ Kilom.	Gewerbtreibende 1875	Gewerbtreibende auf je 1000 Einw.
Königreich Preussen . . .	347 509	25 742 404	74,1	3 625 918	140,8
„ Bayern	75 863	5 022 390	66,2	714 835	142,3
„ Württemberg. .	19 504	1 881 505	96,5	286 859	152,4
Grossherzogtum Baden . .	15 084	1 507 179	99,9	235 779	156,4
Königreich Sachsen . . .	14 993	2 760 586	184,1	630 802	228,5
Reichsland Elsass-Lothringen	14 508	1 531 804	105,6	243 940	159,2
Grossh. Mecklenburg-Schwerin	13 304	553 785	41,6	61 809	111,6
„ Hessen	7 680	884 218	115,1	132 699	150,0
„ Oldenburg . . .	6 414	319 314	49,8	38 756	121,3
Herzogtum Braunschweig .	3 690	327 493	88,7	56 336	172,0
Grossh. Sachsen-Weimar . .	3 593	292 933	81,5	41 918	143,0
„ Mecklenburg-Strelitz	2 930	95 673	32,7	10 940	114,3
Herzogt. Sachsen-Meiningen	2 468	194 494	78,8	37 951	195,0
„ Anhalt.	2 347	213 565	91,0	44 420	207,9
„ Sachsen-Kob.-Gotha	1 968	182 599	92,8	31 938	174,9
„ Sachsen-Altenburg	1 322	145 844	110,4	27 074	185,6
Fürstent. Lippe	1 189	112 452	94,6	14 364	127,7
„ Waldeck	1 121	54 743	48,8	5 603	102,3
„ Schwarzb.-Rudolst.	942	76 676	81,4	12 538	163,5
„ Schwarzb.-Sondersh.	862	67 480	78,3	10 608	157,2
„ Reuss jüngere Linie	829	92 375	111,4	17 779	192,4
Freie Stadt Hamburg. . .	410	388 618	948,4	110 330	283,9
Fürstent. Schaumburg-Lippe	340	33 133	97,4	7 372	222,4
„ Reuss ältere Linie	316	46 985	148,5	11 752	250,1
Freie Stadt Lübeck . . .	299	56 912	190,6	13 795	242,3
Freie Stadt Bremen . . .	255	142 200	556,6	14 435	101,5

Das Reichstagsgebäude in Berlin

154

Übersicht der Wirtschaft im Deutschen Kaiserreich:

Gewerbegruppen	Deutsches Reich	Königreich Preussen	Königreich Sachsen	Thüringen	Provinz Ostpreussen	Provinz West-preussen	Provinz Pommern
I. Kunst- und Handelsgärtnerei	6,0	4,6	10,7	7,0	2,5	1,9	2,0
II. Fischerei	4,6	5,9	0,5	0,3	15,3	13,7	31,2
III. Bergbau-, Hütten- und Salinenwesen	101,4	140,4	115,9	19,1	6,2	6,7	2,8
IV. Industrie der Steine und Erden	62,2	55,3	78,7	152,5	21,5	26,9	46,5
V. Metallverarbeitung	98,2	95,9	104,6	96,5	54,9	49,4	61,5
VI. Maschinen, Werkzeuge etc.	75,4	67,8	116,6	66,1	31,5	45,2	68,8
VII. Chemische Industrie	12,1	10,3	12,7	17,2	3,3	2,9	10,6
VIII. Industrie der Heiz- und Leuchtstoffe	9,9	10,0	10,7	6,0	4,4	5,0	6,9
IX. Textilindustrie	216,9	171,7	738,2	317,7	45,3	19,6	39,3
X. Papier und Leder	43,8	38,1	78,1	76,7	18,9	15,7	29,2
XI. Industrie der Holz- und Schnitzstoffe	108,6	94,2	129,9	178,4	63,8	59,7	75,3
XII. Nahrungs- und Genussmittel	162,1	149,5	178,1	152,2	79,2	84,9	115,3
XIII. Bekleidung und Reinigung	246,5	235,3	266,4	209,1	174,5	169,3	204,4
XIV. Baugewerbe	109,4	95,0	111,0	129,0	46,0	57,5	62,2
XV. Polygraphische Gewerbe	13,0	11,2	30,2	16,1	4,0	4,6	6,8
XVI. Künstl. Betriebe für gewerbl. Zwecke	3,1	2,3	5,4	8,1	0,2	0,1	0,3
XVII. Handelsgewerbe	154,8	146,2	205,7	121,4	87,0	94,5	112,8
XVIII. Verkehrsgewerbe	31,4	31,0	31,8	24,9	15,9	25,6	59,8
XIX. Beherbergung und Erquickung	54,9	44,1	65,3	53,5	23,1	29,8	27,0
	1514,4	1408,6	2290,6	1735,2	697,4	713,9	955,5

König Wilhelm I. bei Königgrätz

Die Belagerung von Straßburg

Moltke in Sedan bei den Kapitulationsverhandlungen mit den Franzosen

Die Kaiserproklamation zu Versailles

-Ende-